これがほんとの
作りおきの
きほん

重信初江

成美堂出版

CONTENTS

気楽に作れて使い勝手のよい料理が作りおきのきほんです

Part 1
あらためて見直す常備菜

Part 2

しっかりたっぷり 食べられる野菜おかず

レシピ表記について

• 計量単位は1カップ＝200㎖、大さじ1＝15㎖、小さじ1＝5㎖です。

• 調味料類は、特に指定がない場合、しょうゆは濃口しょうゆ、砂糖は上白糖、塩は粗塩、酒は清酒を使っています。
  油は指定がない場合は、香りや風味にくせがない油を使ってください。

• だし汁は、顆粒のだしの素と水を合わせたものを使っています。

• 電子レンジの加熱時間は出力600Wを基準としています。500Wの場合は、加熱時間を1.2倍にしてください。
  機種によって仕上がりに差が出ることがあるので、様子を見て調整してください。

• フライパンはフッ素樹脂加工のものを使用しています。

• 野菜類などは、特に記載がない場合、洗う、皮をむく、種を取るなどの作業を済ませてからの工程を説明しています。

気楽に作れて
使い勝手のよい料理が
作りおきのきほんです

忙しい毎日の食事作りはなかなか大変ですが、
作りおきが1品でもあると、グッとラクになります。
献立を考えやすい、調理の時間や手間が減らせるというだけでなく、
たくさん買ってしまった食材も、
調理しておけばムリなくムダなく食べきることができます。

日持ちは
3〜4日を目指すと
おいしく作れる

作りおきの料理は、味が濃いものと思っていませんか？　もちろんその方が保存性は高まりますが、時間が経つ間にさらに塩けが強くなったり、味が落ちたりします。おいしく食べきるなら、日持ちは3〜4日を目指せば十分。これくらいなら、食べ飽きることもありません。この本では、作りおきでもほどよい味つけで素材の味が楽しめるレシピ、冷めてもおいしい、温め直してもおいしいレシピを紹介しています。

もう少し食べたい、
くらいの量が作りやすい

作りおきとはいえ、一度に何品も作ろうとするのはかえって大変。気負わずに作れて、おいしいうちに食べきれることが大事です。毎日の食事作りのついでに作れるくらいの気楽さと分量が、作りやすくておすすめ。気に入ったレシピは、家族の人数やライフスタイルを考えて、2回目からは多めに作るなど、生活に合わせた作りおきを楽しみましょう。

作りおきで、
野菜不足を解消できる

野菜をもっとたっぷり食べたい、家族に野菜を食べさせたいと思っている人は少なくありません。でも野菜料理は、皮をむいたり、刻んだりと、意外に手間がかかるもの。野菜おかずの作りおきが1品あれば、あとは肉を焼くだけでもなんとかなるし、いつもの献立に野菜をプラスすることもできます。別の料理にアレンジが可能な作りおきもマスターすると、飽きずに毎日たっぷりの野菜を食べることができます。野菜不足もこれで解消できます。

コツを覚えれば、
自分に合った
作りおきにできる

おいしいまま日持ちさせるコツ、時間が経ったときの味わい、食べ方のアイディアがわかってくると、自分好みのアレンジができるようになります。それぞれのレシピには、調理のコツや食べ方のヒントをつけ加えていますので、参考にしてください。自分に合った使い勝手のいい作りおきになります。

水けに注意する

水けが多いと雑菌が繁殖しやすく、日持ちを悪くする原因になります。余計な水けは味がぼやける原因にもなってしまいます。特にあえものなどは食材の水けはしっかりふく、しぼるなど、注意を。保存の間に水が出てくることも多いので、削り節やすりごま、焼きのりなど水けを吸ってくれる食材を上手に使うのもポイントです。

しっかり加熱する

食材についている雑菌は、しっかり加熱することで減らすことができます。肉や魚の加熱が不十分だと、保存中に菌が繁殖する可能性があり、日持ちが悪くなるので注意しましょう。火を通さずに食べられる食材も、なるべく加熱した方が安心です。

作りおきのきほん

日持ちする
調理方法を覚える

酢や薬味類、
オイルを上手に使う

酢や梅干し、唐辛子、わさび、しょうが、こしょうなどには殺菌、抗菌効果があります。上手に取り入れて調理しましょう。酸味や辛みを利用すれば、塩分を控えても味が決まり、日持ちするおいしい作りおきが作れます。表面が空気に触れて酸化しないように、オイル漬けにするのも手です。

だし汁は、顆粒だしを
活用するのがおすすめ

本書では、だし汁は水や湯に顆粒だしを溶いたものを使っています。なぜなら、昆布や削り節を使っていねいにとっただし汁は、風味よく仕上がりますが、顆粒だしを使っただし汁やめんつゆなどに比べ、あまり日持ちがしないからです。家庭でとっただし汁を使うときは、保存容器や取り箸など特に衛生面には気をつけて、保存期間の目安よりも早めに食べきるようにしてください。

衛生面に注意して保存する

お弁当は再加熱してから詰める

作りおきをお弁当のおかずに使うとき、特に肉や魚を使ったものについては必ずしっかりと再加熱をし、手早く冷ましてから詰めるようにしてください。またお弁当は食べるまでに時間があくので、雑菌が繁殖しやすい状態です。お弁当に入れるのは、作りおきを作った翌日くらいまでにとどめておきましょう。

清潔な取り箸やスプーンで取り出す

食べるときは食べる分だけ取り出します。このときも清潔な取り箸やスプーンを使用して、中に雑菌が入り込まないように気をつけましょう。一度使った取り箸を使いまわすのもNGです。また冷蔵庫から出したときにふたや容器に水分がついていたら、しっかりふき取ってから冷蔵庫に戻します。保存期間は目安ですので、ときどき状態をチェックしてください。

手早く冷まし、清潔な容器で保存する

でき上がった料理は手早く粗熱を取り、清潔なふたつき容器に移して冷蔵庫へ入れましょう。ポリ袋で作ったものも容器に移すか、空気に触れない方がよいものは、ポリ袋ごと容器に入れます。容器は形がシンプルで洗いやすく、清潔さを保てるホーローやガラス製の容器がおすすめです。中身が見えるガラス容器なら、冷蔵庫でうっかり忘れてしまうことも防げます。耐熱ガラスなら、そのまま電子レンジで加熱することも可能。作った日付を記したメモを貼りつけておくと、便利です。

調理後はできるだけ素手でさわらない

しっかり手を洗ったつもりでも、素手でさわると雑菌を増やす可能性があります。調理後は素手でさわる回数を減らすように心がけましょう。ゆでたり塩もみをしたりした野菜の水けをしぼるときなども、できるだけ調理用のゴム手袋などを利用することをおすすめします。

うまみ食材を上手に使う

うまみをプラスする調味料や食材を取り入れることも、味のバリエーションを広げるポイントになります。たとえば味つけにナンプラーを使う、塩昆布や削り節を調味料代わりに使うなどのレシピも紹介しています。定番の味つけとはひと味違うものが1品あると、食卓がより楽しくなりますので、試してみてください。

③

作りおきのきほん

食べ飽きない工夫をする

かたまる油脂は温め直す

冷蔵庫から出した冷たい状態でもおいしい作りおきも、たくさん紹介しています。とはいえ、バターや肉の脂など、冷えてかたまる油脂を含んだものは、やはり温めてから食べた方が断然おいしく食べられます。温め直しは、耐熱の器に移して電子レンジで加熱するのが手軽です。煮ものを鍋で温め直すときは、少し水分を足して火にかけるとよいでしょう。

酢を使い分けて変化をつける

作りおきの料理はどうしても味が濃くなりがちですが、酢を上手に使うことで、素材の味わいを生かしておいしく作ることができます。ただ、同じような味つけのものばかりになってしまうのも考えもの。酢とひと口にいってもさまざまな種類があり、本書では料理に合わせて使い分けをしていますので、使い慣れていない酢のレシピにもトライしてみましょう。味わいに変化がついて、バリエーション豊かな作りおきを作ることができます。

食べるときにフレッシュなものや香りをプラス

食べるときに葉野菜を添えたり、薬味やスパイスを加えたりすると、新たな食感や香りがプラスされて、作りおきでも作りたての料理のような楽しみ方ができます。サラダ菜やクレソン、細ねぎ、青じそ、香菜などが役に立ちます。一味唐辛子やごま、刻みのりをふる、練り辛子を添えるのもおすすめです。

Part 1

あらためて見直す常備菜

ごはんのともやおつまみとして、
すぐ食べられるように作りおいた副菜が「常備菜」です。
きんぴらごぼうやひじき煮、マカロニサラダなど、
やっぱり食べたい、あるとうれしい
昔ながらの定番メニューをおさらいしつつ、
今どきの食卓にちょうどいい、
ちょっと新しい味わいが楽しめる
常備菜のレシピも紹介しています。
乾物や豆類、こんにゃくやしらたきなど、
ヘルシーな食材を使った常備菜も
毎日の食事にもっと取り入れたいものです。

きんぴらごぼう

材料（作りやすい分量）
ごぼう……160g
にんじん……1/3本（50g）
ごま油……大さじ1/2
A ┌ 赤唐辛子の小口切り……少々
　└ 酒、水……各大さじ2
B ┌ しょうゆ、砂糖……各大さじ1

1 ごぼうは幅5mmの斜め切り（長さ約5cm）にしてから幅5mmの細切りにして、水にさらす。にんじんも同様に切る。

2 フライパンにごま油を強めの中火で熱し、にんじん、水けをきったごぼうを入れ、ごぼうが透き通ってくるまで1分ほど炒める。Aを加え、汁けが少なくなるまで2〜3分炒める。

3 Bを加え、さらに1〜2分炒める。

保存期間｜冷蔵で **4〜5** 日

甘辛味のおかずが食卓にあると、ほっとしますね。

なにより、ごはんが進みます。

きんぴらは昔ながらの常備菜ですが、朝ごはんのおかずの足しに、

お弁当に……と重宝するので、覚えておいて損はありません。

水を多めにして長めに炒めるか、ピーラーでささがきにすると

よりやわらかく仕上がります。オリーブオイルで炒めても。

定番ですが、自分好みにアレンジもできる奥の深い料理です。

牛肉のしぐれ煮

材料（作りやすい分量）
牛こま切れ肉……300g
しょうがのせん切り……2かけ分
A ┌ 酒……1/3カップ
  └ しょうゆ、砂糖……各大さじ2

1 牛肉は大きければ食べやすく切る。

2 鍋に牛肉としょうが、Aを入れて強めの中火に
かけ、ほぐしながら煮立てる。アクを取り、汁
けがほとんどなくなるまで、混ぜながら6〜7分
煮る。

保存
期間 ｜ 冷蔵で **3**〜**4**日

ごはんのともとして、長く愛されてきたしぐれ煮。
牛肉のうまみとしょうがの風味が
絶妙な組み合わせです。
牛肉は、ほどよく脂肪がある方が
かたくなりにくく、おすすめです。
しょうがはたっぷりと入れて、具として味わって。
皮つきのまま炒めて、香りも生かします。
強めの火加減で、汁けを飛ばしながら
仕上げるのがコツ。うどんにのせたり、
キャベツで包んで食べてもおいしいですよ。

切り干し大根のレモンハリハリ

材料（作りやすい分量）
切り干し大根（太めのもの）
　……1袋（50g）
レモン（防かび剤不使用のもの）
　……1/2個
A┌酢、はちみつ……各大さじ1
　│しょうゆ……大さじ1/2
　└塩……少々

1 切り干し大根はたっぷりの水に袋の表示時間通りにつけてもどし、水けを軽くしぼる。レモンは薄い輪切り2枚を切り、8等分の放射状に切る。残りは果汁をしぼる。

2 ポリ袋にAを入れて混ぜ、切り干し大根を加えてさっと混ぜる。レモンの実と果汁を加えて軽くもみ、空気を抜いて口を閉じ、冷蔵庫に30分以上おき、保存容器に移す。

保存期間｜冷蔵で **6〜7**日

ハリハリ漬けは、切り干し大根を酢じょうゆ漬けにしたもの。
切り干し大根というと煮もののイメージですが、
パリパリッとした食感を生かしたこんな漬けものも、食欲をそそります。
レモンやはちみつを使った、サラダやピクルス感覚の味つけも新鮮。
歯ざわりを楽しめるように、太めの切り干し大根を使っているので、
やわらかくなるまでしっかり水につけてもどしてください。

厚揚げとぜんまい煮

どこかなつかしい味わいです。ぜんまいは下ゆですると臭みが取れて風味がアップ。
厚揚げの表面の油は軽く押さえる程度にして、油のうまみも生かします。

材料（作りやすい分量）
厚揚げ……1枚（250g）
ぜんまい（水煮）……1袋（70g）
◎煮汁
　だし汁……1カップ
　酒……大さじ2
　しょうゆ、砂糖……各大さじ1

1 ぜんまいは長いものは半分に切り、さっと下ゆでして水けをきる。

2 厚揚げはペーパータオルではさんで表面の油を押さえ、細長く半分に切ってから幅1cmに切る。

3 鍋に煮汁の材料を入れて煮立て、ぜんまい、厚揚げを入れ、弱火で5～6分煮る。

保存期間｜冷蔵で **3**～**4**日

切り昆布のアーリオオーリオ炒め

切り昆布は甘辛い炒め煮もおいしいけれど、こんな洋風の味つけもおすすめです。
少ししょうゆを加えることで、ごはんに合うおかずになります。

材料（作りやすい分量）
切り昆布（生）……2パック（160g）
にんにく……1かけ
赤唐辛子の小口切り……少々
オリーブオイル……大さじ1
A
　酒……大さじ2
　しょうゆ……小さじ1/2
　塩……小さじ1/4
　粗びき黒こしょう……少々

1 切り昆布は食べやすい長さに切る。にんにくは半分に切ってつぶす。

2 フライパンにオリーブオイルとにんにくを入れて弱火にかけ、1分ほど炒める。赤唐辛子、切り昆布を加えて強めの中火にし、2分ほど炒める。

3 Aを加え、汁けがなくなるまで炒める。

保存期間｜冷蔵で **3**～**4**日

しらたきのたらこ炒め

味のしみにくいしらたきも、保存している間に味がなじみます。
しっかりからいりするのも大事。たらこの塩分によって、塩の分量は加減してください。

材料（作りやすい分量）
しらたき……2袋（400g）
たらこ……大1/2はら（60g）
A ┌ 酒……大さじ3
　├ だし汁……大さじ2
　└ 塩……少々

1　しらたきは食べやすい長さに切り、さっと下ゆでして水けをきる。たらこは幅5mmに切る。

2　フライパンにしらたきを入れて中火にかけ、4～5分からいりする。

3　表面がチリチリッとして全体が乾いた感じになったら、たらこ、Aを加え、汁けがほとんどなくなるまで3～4分炒める。

保存期間｜冷蔵で **3～4** 日

油揚げの甘辛煮

そのまま食べてもおいしいけれど、うどんにのせたり、ごはんに混ぜたり。
卵とじにするのもおすすめです。用途に合わせて切り方を変えても。

材料（作りやすい分量）
油揚げ……3枚（150g）
◎煮汁
　┌ だし汁……3/4カップ
　├ 酒、砂糖……各大さじ2
　├ しょうゆ……小さじ2
　└ 塩……少々

1　油揚げはペーパータオルではさんで表面の油を押さえ、細長く半分に切ってから幅1.5cmに切る。

2　鍋に煮汁の材料を入れて煮立て、油揚げを入れる。ときどき上下を返しながら中火で5～6分、汁けが半分以下になり、つやが出るまで煮る。

保存期間｜冷蔵で **4～5** 日

キャロットラペ

材料（作りやすい分量）
にんじん……2本（300g）
レーズン……20g
◎ドレッシング
　白ワインビネガー……大さじ2
　油……大さじ1
　フレンチマスタード……大さじ1/2
　塩……小さじ1/2
　こしょう……少々

1　にんじんはスライサー（または包丁）でせん切りにする。

2　ボウルにドレッシングの材料を入れて混ぜ、にんじん、レーズンを加えてあえる。20分以上おいて味をなじませる。

保存期間｜冷蔵で **4〜5** 日

ラペはフランス語で「すりおろす」の意味。
細長くすりおろしたにんじんのサラダとして
だいぶおなじみになってきました。
包丁で切るのはちょっと大変だけど、スライサーを使えば簡単。
表面が粗く削れるため、そのぶん、ドレッシングのなじみもよくなります。
そのままでおいしいのはもちろん、サンドイッチの
具にするのもおすすめ。食べるときに葉野菜と合わせたり、
カッテージチーズを加えてもおいしいですよ。

卯の花

材料（作りやすい分量）
おから……300g
あさり（水煮・缶詰）……1缶（180g）
長ねぎ……1本（150g）
油……大さじ1

A ┌ だし汁……1・1/2カップ
　├ 酒……1/3カップ
　├ しょうゆ……大さじ1
　└ 塩……小さじ1/3

1 長ねぎは青い部分も含め、幅1cmの小口切りにする。

2 フライパンに油を弱火で熱し、長ねぎを入れて2分ほど、しんなりするまで炒める。おからを加えて中火にし、パラリとするまで3〜4分炒める。

3 あさり（缶汁ごと）、Aを加え、弱めの中火で3〜4分煮る。混ぜたときにフライパンの底が見えるようになるまで煮つめる。

保存期間｜冷蔵で **3〜4** 日

おからは豆腐のしぼりかす。値段がお手頃なうえ、
たんぱく質や食物繊維などの栄養も豊富なので、
もっと食卓に取り入れたい食材です。
だしをきかせていり煮にしたものが「卯の花」です。
あさりと長ねぎのシンプルなレシピですが、
長ねぎを油でしっかり炒めてうまみを引き出すと、
味しみしみのおいしい卯の花に。長ねぎは青い部分も使いましょう。
あさりは缶汁も加えて風味豊かに仕上げます。

ひじきとパプリカのサラダ

目先を変えて、煮ものとはひと味違うサラダに。ひじきは水でもどしてからさっとゆでると
味がよくしみます。カラフルな野菜を加えて、見た目も楽しく仕上げましょう。

材料（作りやすい分量）
長ひじき（乾燥）……30g
パプリカ（赤・黄）……各1/4個（90g）
紫玉ねぎ……1/4個（50g）
◎ドレッシング
　オリーブオイル、油
　　……各大さじ1
　酢……大さじ2
　しょうゆ……大さじ1
　塩、こしょう……各少々

1 ひじきはさっと洗い、たっぷりの水に袋の表示時間通りにつけてもどす。鍋に湯を沸かし、ひじきを入れ、再び煮立ったらざるに上げて冷ます。

2 パプリカ、紫玉ねぎは横に薄切りにする。

3 ボウルにドレッシングの材料を入れてよく混ぜ、1、2を加えてあえる。

保存期間｜冷蔵で**4～5**日

マカロニサラダ

定番メニューなのに、いまひとつ味の正解がわからないという人も多いのでは？
少しの酢と砂糖を加えると、味が引き締まります。練り辛子を加えても。

材料（作りやすい分量）
マカロニ……80g
ハム……2枚
きゅうり……1本（100g）
玉ねぎ……1/8個（25g）
塩……小さじ1/3
　　┌マヨネーズ……大さじ3
A｜酢……小さじ1
　　└塩、砂糖、こしょう……各少々

1 きゅうりは小口切りにし、玉ねぎは縦に薄切りにして合わせてボウルに入れ、塩をふって混ぜ、15分ほどおき、軽くもんで水けをしぼる。ハムは半分に切ってから、幅1cmに切る。

2 マカロニは袋の表示時間通りにゆでてざるに上げ、油少々（分料外）をからめて粗熱を取る。

3 ボウルに1、2を入れ、Aを加えてあえる。

保存期間｜冷蔵で**3～4**日

山形のだし

材料（作りやすい分量）
なす……3本（240g）
きゅうり……2本（200g）
みょうが……1個
A ┌ 水……1カップ
　 └ 塩……大さじ1/2
塩……小さじ1/3
とろろ昆布……10g
B ┌ しょうがのすりおろし
　 │ 　……大さじ1/2
　 │ 水……1カップ
　 │ 酢……大さじ2
　 │ しょうゆ……大さじ1
　 └ 塩……小さじ1/4

1 なすは5mm角に切る。ポリ袋にAを入れて混ぜ、なすを加えて空気を抜き、口を閉じる。きゅうり、みょうがは5mm角に切り、合わせてボウルに入れ、塩をふって混ぜ、20〜30分おく。

2 別のボウルにとろろ昆布、Bを入れて混ぜる。

3 なす、きゅうりとみょうがはそれぞれ水けをしぼり、2に加えて混ぜる。

保存期間｜冷蔵で**3〜4**日

だしは、刻んだ夏野菜や薬味野菜に昆布などを加えて調味した、ごはんのとも。
山形県では定番の郷土料理です。煮ものなどが多くなりがちな常備菜の中で、
野菜のフレッシュ感を楽しめる夏の作りおきです。ごはんはもちろん、
冷ややっこやそうめんに合わせるのもおすすめ。暑い日も食が進みます。
なすは空気に触れると変色するので、しっかり塩水につけてアク抜きを。
オクラや長ねぎ、青じそなどを加えてアレンジしてもおいしいです。

なすのオランダ煮

材料（作りやすい分量）
なす……5本（400g）
揚げ油……適量

A
- だし汁……1カップ
- 酒……1/2カップ
- しょうゆ……大さじ2
- 砂糖……大さじ1
- 赤唐辛子の小口切り……少々

1 なすは縦半分に切り、皮目に5mm間隔の斜めの切り込みを入れる。

2 揚げ油を高温（180〜190℃）に熱し、なすを入れ、上下を返しながら3〜4分、切り口が色づくくらいまで揚げて油をきる。ざるに入れ、熱湯を全体にまわしかけて油抜きをする。

3 鍋にAを入れて煮立て、なすを入れ、再び煮立ったら弱火で4〜5分煮る。

保存期間｜冷蔵で **3**〜**4** 日

油を吸ってこそなす！
揚げてから煮る、と手間はかかるけれど、
やっぱりあるとうれしいひと品。
見た目もつやつやとして、食欲をそそります。
半日ほどおくとグッと味がしみてくる、
作りおきならではのメニューです。
なすは揚げる直前に切れば、水にさらさなくてもOK。
少し高めの温度で揚げることと、油抜きをすることで、
油っぽくない、すっきりとした仕上がりになります。
温めても、冷たいままでもおいしく食べられます。

糸こんにゃくと豚肉の
コチュジャン煮

材料（作りやすい分量）

糸こんにゃく……1袋（200g）
豚こま切れ肉……150g
長ねぎ……1/2本（75g）
ごま油……大さじ1/2

A ┌ にんにくのすりおろし
　　　……小さじ1/2
　├ だし汁……1/3カップ
　├ しょうゆ、コチュジャン
　│　……各大さじ1
　└ 砂糖……小さじ1

1 糸こんにゃくは食べやすい長さに切り、さっと下ゆでして水けをきる。長ねぎは幅5mmの斜め切りにする。

2 フライパンにごま油を中火で熱し、糸こんにゃくを入れ、細かい泡が出て、チリチリと音がするまで2〜3分炒める。

3 豚肉を加え、ほぐしながら1〜2分炒める。Aを順に加えそのつど混ぜながら1分ほど炒め、なじんだら長ねぎを加えて、さらに1分ほど炒める。

保存期間｜冷蔵で**3**〜**4**日

最近ではよく見かけるようになった韓国の調味料、
コチュジャンを使いました。
独特の辛みとうまみがあるので、
レパートリーに加えると、
味の幅が広がりますよ。
糸こんにゃくをしっかり炒めるのが、
味をなじませるコツ。
長ねぎは仕上げに加えて、
シャキッとした食感を残します。
冷めると豚肉の脂がかたまってしまうので、
温め直して食べてください。

切り干し大根のサラダ

サラダにすると、切り干し大根も新しい味に。
すぐに食べたいときも、30分以上おくと、よく味がなじみます。

材料（作りやすい分量）
切り干し大根……1袋（40g）
セロリ（葉つきのもの）
　……1/2本（60g）
貝割れ菜……1/2パック（25g）
◎ドレッシング
　酢……大さじ2
　油……大さじ1
　粒マスタード……大さじ1/2
　塩……小さじ1/3
　こしょう……少々

1 切り干し大根はたっぷりの水に袋の表示時間通りにつけてもどし、水けをしっかりとしぼって食べやすく切る。セロリは斜め薄切りにし、葉は幅1cmに切る。貝割れ菜は根元を落とす。

2 ボウルにドレッシングの材料を入れてよく混ぜる。1を加えてあえる。

保存期間｜冷蔵で**3〜4**日

わかめのじゃこ炒め

炒めものにしてもおいしいわかめ。塩蔵わかめを使うなら120gをもどして使います。
じゃこの代わりに桜えびでも。ラーメンのトッピングにもよく合います。

材料（作りやすい分量）
カットわかめ（乾燥）
　……大さじ4（15g）
ちりめんじゃこ……20g
オリーブオイル……大さじ1/2
A ┌酒……大さじ1
　└塩……小さじ1/4

1 わかめはたっぷりの水に袋の表示時間通りにつけてもどし、水けをしっかりときる。

2 フライパンにオリーブオイルを中火で熱し、ちりめんじゃこを入れ、少し色づくまで1〜2分炒める。わかめ、Aを加えて炒め合わせる。

保存期間｜冷蔵で**3〜4**日

おからのポテサラ風

おからは「卯の花」と思う人が多いと思いますが、実はサラダもおすすめです。
コーンの缶汁を加えるとしっとり、風味もアップ。ポテトサラダ風の1品です。

材料（作りやすい分量）
おから……200g
きゅうり……1本（100g）
玉ねぎ……1/4個（50g）
ハム……2枚
ホールコーン（缶詰）
　　……1/2缶（50g）
塩……小さじ1/3
A ┌ マヨネーズ……大さじ4
　├ 酢……大さじ2
　└ 塩、こしょう……各少々
ホールコーンの缶汁……大さじ3

1 きゅうりは薄い小口切り、玉ねぎは縦に薄切りにする。合わせてボウルに入れ、塩をふってまぶし、20分ほどおく。ハムは放射状に6等分に切る。

2 フライパンにおからを入れて中火にかけ、水けがなくなるまで4〜5分からいりする。ボウルに移し、粗熱が取れたらAを加えて混ぜ、コーン、コーンの缶汁を加えてさらに混ぜる。

3 1の玉ねぎ、きゅうりを軽くもみ、汁ごと2に加える。ハムを加えて混ぜる。

保存期間｜冷蔵で **3〜4**日

うずら卵のカレーしょうゆ煮

手軽なうずら卵の水煮を、ちょっとしたおつまみやお弁当の彩りに重宝なおかずに。
カレー粉をトマトケチャップ大さじ1/2に代えてもおいしく作れます。

材料（作りやすい分量）
うずら卵の水煮……12個
玉ねぎ……1/2個（100g）
A ┌ 水……1/2カップ
　├ しょうゆ……大さじ1/2
　├ カレー粉、砂糖……各小さじ1
　└ 鶏ガラスープの素……小さじ1/2

1 うずら卵は水けをきる。玉ねぎは縦に幅5mmに切る。

2 鍋に1、Aを入れて煮立て、中火で3〜4分煮る。

保存期間｜冷蔵で **3〜4**日

ひじき煮

材料（作りやすい分量）
芽ひじき（乾燥）……30g
ちくわ……2本
にんじん……1/3本（50g）
油……大さじ1/2
A ┌ だし汁……1カップ
  │ 酒、しょうゆ……各大さじ2
  └ 砂糖……大さじ1

1 ひじきはたっぷりの水に袋の表示時間通りにつけてもどし、水けをしっかりときる。ちくわは幅5mmの輪切りにし、にんじんは長さ3〜4cmの細切りにする。

2 鍋に油を中火で熱し、にんじんを入れて1分ほど炒める。ちくわ、ひじきを加え、油が全体にまわるまで1分ほど炒め、Aを加える。煮立ったら弱めの中火にし、ときどき混ぜながら5〜6分煮る。

保存期間｜冷蔵で**3〜4**日

体によいのはわかっていても、なかなかとりにくい海藻類。

ストックしておけるひじきを使った常備菜は、覚えておくと便利です。

もどし時間の短い芽ひじきを使いましたが、

時間があれば、長ひじきを使うと、食べごたえのある仕上がりに。

ゆで大豆やさやいんげんを加えるのもおすすめです。

汁けをきって厚焼き卵に混ぜるのもおいしいですよ。

大豆のチリコンカン

材料（作りやすい分量）
合いびき肉……300g
玉ねぎ……1/2個（100g）
大豆（水煮・缶詰）……1缶（120g）
カットトマト（缶詰）……1缶（400g）
オリーブオイル……大さじ1
赤ワイン……1/3カップ
A ┌ にんにくのすりおろし…小さじ1/2
　│ ローリエ……1枚
　│ 水……1/2カップ
　│ チリパウダー、塩……各小さじ1/2
　└ こしょう……少々

1 玉ねぎは粗みじん切りにする。

2 フライパンにオリーブオイルを弱火で熱し、玉ねぎを2〜3分、透き通ってくるまで炒める。ひき肉を加え、強めの中火で3〜4分、ほぐしながら炒める。大豆、赤ワインを加えて混ぜ、汁けがほとんどなくなるまで煮る。

3 A、カットトマトを加え、煮立ったら弱火にし、ときどき混ぜながら7〜8分煮る。

保存期間｜冷蔵で**3〜4**日

チリコンカンはひき肉や豆をトマトと煮込んだ、ピリッと辛いアメリカ料理。
赤ワインを加えて煮つめることで、コクが出ておいしくなります。
チリパウダーは唐辛子をベースに、クミンやオレガノ、
ガーリックなどを加えたブレンドスパイス。唐辛子だけでは出せない
複雑な香りと風味をプラスすることができるので、ぜひ加えてください。
ほっくりした大豆の食感も楽しく、ごはんとの相性も◎。

かつおの角煮

材料(作りやすい分量)
かつお(刺身用)
　……小1さく(300g)
しょうが……2かけ
A［酒……1/3カップ
　　しょうゆ、砂糖
　　……各大さじ2

1 かつおは1.5cm角に切ってざるに入れ、熱湯を全体に白っぽくなるまでまわしかける。しょうがは5mm四方に切る。

2 鍋に1とAを入れて強めの中火にかけ、煮立ったらアクを取り、上下を返しながら6〜7分、汁けがほとんどなくなるまで煮る。

保存期間 | 冷蔵で**4〜5**日

昔ながらの常備菜ですが、

最近では手作りすることは少ないかもしれません。

でも白いごはんと相性抜群、酒のつまみにもぴったり。

おむすびやお茶漬けにも使えて重宝します。

かつおは少しくせがあるので、熱湯をかけて霜降りを。

たっぷりのしょうがと酒を加えて、

強めの火加減で一気に煮上げます。

刺身が余ったときにもおすすめです。

干ししいたけの甘煮

ひと口でしいたけのうまみがジュワッ。混ぜごはんやちらしずしにもよく合います。
干ししいたけは冷蔵庫でひと晩かけて、ふっくらともどしてください。切ってから煮てもOK。

材料（作りやすい分量）
干ししいたけ……10枚（50g）

A ┌ 干ししいたけのもどし汁
  │   ……1カップ
  │ しょうゆ、酒、砂糖
  └   ……各大さじ1・1/2

1 しいたけは2カップほどの水につけ、冷蔵庫にひと晩おいてもどし、石づきを落とし、軸を切る。

2 鍋にA、干ししいたけと軸を入れて煮立て、アクを取り、汁けがほとんどなくなるまで中火で10〜12分煮る。

保存期間 ｜ 冷蔵で **4〜5** 日

ミックスビーンズとツナのサラダ

ストックしている缶詰を使った手軽なひと品。パンにはさんだり、オムレツの具にも使えます。
うまみの移ったツナ缶の油も利用して、風味よく仕上げます。

材料（作りやすい分量）
ミックスビーンズ（水煮・缶詰）
　　……1缶（120g）
ツナ（油漬け・缶詰）
　　……小1缶（70g）
玉ねぎ……1/4個（50g）
パプリカ（赤）……1/2個（90g）
塩……小さじ1/3

A ┌ マヨネーズ……大さじ2
  │ しょうゆ……小さじ1
  └ 塩、こしょう……各少々

1 玉ねぎは縦に薄切りにしてボウルに入れ、塩をふってまぶす。15分ほどおいて軽くもみ、水けをしぼる。パプリカは7〜8mm四方に切る。

2 1のボウルにパプリカ、水けをきったミックスビーンズ、ツナ（油ごと）、Aを加えてあえる。

保存期間 ｜ 冷蔵で **3〜4** 日

かぶの甘酢漬け

材料（作りやすい分量）

かぶ……小6個（360g）

A ┌ 水……1カップ
　└ 塩……大さじ1/2

◎甘酢

　赤唐辛子の小口切り……少々
　酢……大さじ3
　水……大さじ2
　砂糖……大さじ1・1/2
　塩……小さじ1/4

1 かぶは皮つきのまま4つ割りにし、縦に2〜3本の切り込みを入れる。

2 ポリ袋にAを入れて混ぜ、かぶを加え、空気を抜いて口を閉じ、30分ほどおく。軽くもみ、水けをしぼる。

3 別のポリ袋に甘酢の材料を入れて混ぜ、2のかぶを入れ、空気を抜いて口を閉じる。冷蔵庫に2時間以上おき、汁ごと保存容器に移す。

保存期間｜冷蔵で **4〜5**日

46

やさしい食感のかぶは箸休めにぴったり。

ほどよい酸味の甘酢漬けは、献立のアクセントになるし、

お弁当にも役立つおかずです。

かぶが大きければ6〜8つ割りにしてください。

切り込みを入れると味がよくしみて、

食べやすくなります。

皮がきれいならむかずに作っても大丈夫。

甘酢に昆布の切れ端を加えると、うまみがよりアップします。

いり大豆の酢じょうゆ漬け

節分の豆まきに使ういり大豆を、さらにからいりして香ばしく仕上げます。
ポリポリとした食感が楽しく、くせになる味。おつまみにもぴったりです。

材料（作りやすい分量）
いり大豆……100g
大根……100g
にんじん……1/3本（50g）
A
酢……大さじ2
しょうゆ……大さじ1
砂糖……小さじ1
塩……少々

1 大根、にんじんは7〜8mm角に切る。

2 フライパンに大豆を入れ、弱めの中火にかけ、軽く色づくまで3〜4分からいりする。

3 ボウルに1、2を入れ、混ぜたAをかけてあえる。

保存期間｜冷蔵で **4〜5** 日

水菜の煮びたし

冷ます間にも余熱で火が通るので、全体がしんなりするくらいで火を止めます。
食べるときにゆずの皮のせん切りをちらしたり、七味唐辛子をふったりするのもおすすめです。

材料（作りやすい分量）
水菜……1束（200g）
油揚げ……1枚（50g）
A
だし汁……1カップ
酒……大さじ2
しょうゆ……大さじ1/2
砂糖……小さじ1
塩……小さじ1/3

1 水菜は長さ3〜4cmに切る。油揚げはペーパータオルではさんで表面の油を押さえ、細長く半分に切ってから、幅7〜8mmに切る。

2 鍋にAを入れて煮立て、油揚げを加え、弱火で2分ほど煮る。水菜を加え、大きく混ぜながらしんなりするまで1〜2分煮る。

保存期間｜冷蔵で **3〜4** 日

雷こんにゃく

材料（作りやすい分量）

こんにゃく……2枚（500g）

油……大さじ1/2

A ┌ 赤唐辛子の小口切り……少々
　├ 酒……大さじ2
　├ めんつゆ（3倍濃縮）
　└ ……大さじ1・1/2

1 こんにゃくは手でひと口大にちぎり、さっと下ゆでして水けをきる。

2 フライパンに油を中火で熱し、こんにゃくを入れ、細かい泡が出て、表面がチリチリッとするまで4〜5分炒める。

3 Aを加え、汁けがなくなるまで炒める。

保存期間｜冷蔵で **4〜5**日

味に強い個性がなく、地味な存在ですが、
あの独特の食感はこんにゃくならでは。
食物繊維も豊富で体もよろこぶ、常備菜にぜひ使いたい優秀食材です。
表面がチリチリッとして、泡が出てくるまでしっかり炒めると、
歯ごたえがよく、味もよくしみておいしく仕上がります。
めんつゆを使うと手軽で、保存性もよいのでおすすめ。
こんにゃくの底力を再認識するおかずです。

切り昆布と
さつま揚げの煮もの

材料（作りやすい分量）
切り昆布（生）……1パック（80g）
さつま揚げ……4枚（200g）
A ［ だし汁……1カップ
　　 酒……大さじ2
　　 しょうゆ……大さじ1
　　 砂糖……大さじ1/2

1 切り昆布は食べやすい長さに切る。さつま揚げはペーパータオルではさんで表面の油を押さえ、幅1cmに切る。

2 鍋にAを煮立て、1を加える。再び煮立ったら弱火にし、3〜4分煮る。

保存期間｜冷蔵で **3〜4** 日

昆布を細切りにしたものが、切り昆布。わかめやひじきとは違った
食感のよさと、昆布ならではのうまみが特徴です。
栄養価も高く、使い勝手のいい食材なので、
煮ものや炒めもの、サラダなど、もっと取り入れましょう。
魚のすり身が原料のさつま揚げとは好相性。
昆布からもさつま揚げからもだしが出るので、
薄めの味つけでもおいしく仕上がります。

ししとうとじゃこの甘辛炒め

材料（作りやすい分量）
ししとう……大1パック（100g）
ちりめんじゃこ……30g
ごま油……大さじ1/2
A ┌ にんにくのすりおろし
　　　……小さじ1/3
　├ 酒、はちみつ……各大さじ1
　└ しょうゆ……小さじ1

1 ししとうは包丁で1本切り込みを入れる。

2 フライパンにごま油を中火で熱し、ちりめんじゃこを入れ、軽く色づくまで2〜3分炒める。ししとうを加えて炒め合わせ、Aを加え、汁けがほとんどなくなるまで炒める。

保存期間｜冷蔵で**4〜5**日

ししとうとちりめんじゃこ、おなじみの組み合わせですが、
韓国の食堂のつき出しで出てくるおかずをイメージして、
にんにくをきかせた味つけにしています。
時間が経っても余計な水分が出ないので、作りおき向き。
炒めている間にはじけないように、ししとうに切り込みを入れるのを忘れずに。
ほろ苦さも鮮やかな色も、食卓のアクセントになってくれます。

切り干し大根のそぼろ煮

シャキッとした歯ざわりを残したレシピです。やわらかめが好みなら、
煮る時間を少し長めに。刻んでチャーハンの具や、卵焼きに入れてもおいしいです。

材料（作りやすい分量）
切り干し大根……1袋（40g）
豚ひき肉……150g
油……小さじ1
A［
　だし汁……1カップ
　酒……大さじ2
　しょうゆ……大さじ1
　砂糖……大さじ1/2
　塩……少々
　］

1 切り干し大根はたっぷりの水に袋の表示時間通りにつけてもどし、水けを軽くしぼって食べやすく切る。

2 フライパンに油を中火で熱し、ひき肉をほぐしながら焼き色がつくまで炒める。

3 1、Aを加えてふたをして煮立て、ときどき混ぜながら、汁けが少なくなるまで弱めの中火で8分ほど煮る。

保存期間｜冷蔵で **3〜4** 日

Part 2

しっかりたっぷり食べられる野菜おかず

野菜はたっぷり食べたい、食べさせたいけれど、
意外と調理に手間や時間がかかるもの。
すぐに食べられる野菜の作りおきが1品でもあると、
毎日のごはん作りがスムーズになるし、
野菜たっぷりの食卓を実現することができます。
日持ちのする料理を作っておくことは、
野菜をムダなく使いきることにもつながります。
ちょこっと調理で、別の料理にアレンジできる
作りおきも紹介しています。
いろいろな種類の野菜のレシピで、
レパートリーを広げてください。

キャベツと豚肉のピリ辛みそ炒め

材料（作りやすい分量）

キャベツ……1/4個（300g）

豚こま切れ肉……300g

玉ねぎ……1/4個（50g）

油……大さじ1

A
- しょうがのすりおろし……小さじ1
- 水……1/2カップ
- みそ、しょうゆ……各大さじ1
- 片栗粉……大さじ1/2
- 豆板醤……小さじ1/2

1 キャベツは手でひと口大にちぎる。玉ねぎは縦に幅2〜3mmに切る。Aは混ぜておく。

2 フライパンに油を強めの中火で熱し、玉ねぎと豚肉をほぐしながら2分ほど炒める。

3 キャベツを加え、少し透き通ってくるまで2〜3分炒める。Aを再び混ぜてから加え、とろみがつくまで混ぜながら1分ほど炒め煮にする。

保存期間｜冷蔵で **3〜4** 日

作りおきヒント

野菜の炒めものは水分が出やすく、
作りおきにしにくいけれど、
とろみをつけることで水っぽさを感じないし、
味もよくからんでおいしく食べられます。
作りおきは保存の間に味がしみるので、
豚肉には下味をつけずに、そのまま炒めています。

キャベツの浅漬け

材料（作りやすい分量）
キャベツ……1/4個（300g）
A ┌ 酢……大さじ1
  └ 塩、昆布茶（粉末）……各小さじ1

1 キャベツはざく切りにし、ポリ袋に入れる。Aを加え、ポリ袋の口を持って、全体にからまるようにふって混ぜる。空気を抜いて口を閉じ、冷蔵庫に20〜30分おく。

2 袋の上から軽くもみ、汁ごと保存容器に移す。

保存期間｜冷蔵で **6〜7** 日

（作りおきヒント）

ポリ袋で作っても、保存は容器に移すのがおすすめです。
食べるときの出し入れがしやすく、汁がこぼれる心配がありません。
酢を加えるとさっぱりすると同時に、保存性も高まります。

コールスローサラダ

材料(作りやすい分量)
キャベツ……1/4個(300g)
紫玉ねぎ……1/6個(30g)
ホールコーン(缶詰)……50g
塩……小さじ1/2

A ┌ マヨネーズ……大さじ2
　├ 酢……大さじ1
　├ 塩……小さじ1/4
　└ こしょう……少々

1 キャベツは細切りにする。紫玉ねぎは縦に薄切りにする。コーンは汁けをきる。

2 ボウルにキャベツ、紫玉ねぎを入れ、塩をふってまぶし、20〜30分おく。しんなりしたらもみ、水けをしっかりしぼる。

3 Aを加えてあえ、コーンを加えて混ぜる。

保存期間 | 冷蔵で **3〜4**日

作りおきヒント

キャベツと玉ねぎの水けをしっかりしぼるのがコツ。
保存中に水けが出にくくなり、味が薄まることがありません。
コーンは甘みと食感のアクセントなので、
分量は好みで加減しても。

塩ゆでキャベツを作ろう

塩ゆでしておくと、かさばるキャベツも保存しやすくなります。
おひたしとして食べたり、あえものにしたりなにかと便利。
炒めものや汁ものの具に使うと、加熱時間を短縮できます。

材料（作りやすい分量・でき上がり約600g）
キャベツ……1/2個（600g）
塩……適量

1 キャベツは2cm四方に切る。芯は薄切りにする。

2 鍋にたっぷりの湯を沸かし、塩を加え（5カップに
大さじ1/2の割合）、キャベツを1分ゆでる（一度に
鍋に入りきらないときは、2回に分けてゆでる）。
ざるに上げて冷ます。

POINT

ゆで上がったら水にはとらずに、
ざるの上で自然に冷まし、
しぼらずに保存容器へ。
水っぽくならないし、直接手で
触れないことで衛生面もより安心。

保存
期間 | 冷蔵で **3〜4**日

そのままで → ポン酢しょうゆと削り節をかけるだけでおいしい。箸休めの一品に。

キャベツとしらすの ゆかり風味パスタ

さっと炒めるだけでOK。炒めても水っぽくなりません。

材料（2人分）
塩ゆでキャベツ……1/3量（200g）
しらす干し……80g
ゆかり®……大さじ1/2
スパゲッティ……160g
塩……小さじ2
オリーブオイル……大さじ1

1 鍋に2ℓほどの湯を沸かし、塩を加え、スパゲッティを入れて袋の表示時間通りにゆでる。

2 フライパンにオリーブオイルを中火で熱し、塩ゆでキャベツを入れ、1分ほど炒める。しらすを加え、さっと炒め合わせる。

3 ゆで上がったスパゲッティと、ゆかり、スパゲッティのゆで汁大さじ3を加えてさっとあえる。

キャベツと蒸し鶏の ピリ辛ごまだれあえ

手軽にできるレンジ蒸し鶏と合わせて、食べごたえのあるおかずに。

材料（2人分）
塩ゆでキャベツ……1/3量（200g）
鶏胸肉……1枚（250g）
酒……大さじ1
◎ピリ辛ごまだれ
　白練りごま……大さじ2
　しょうゆ、具入りラー油、酢
　……各大さじ1

1 鶏胸肉は皮にフォークを20か所ほど刺してから酒をまぶし、耐熱皿にのせてふんわりとラップをかけ、電子レンジで3分ほど加熱する。取り出して上下を返し、再びラップをふんわりとかけ、さらに2分ほど加熱し、そのまま粗熱を取る。食べやすくほぐし、皮は2〜3mm幅に切る。

2 ボウルにたれの材料を入れて混ぜ、塩ゆでキャベツ、1を加えてあえる。

にんじんの卵炒め

材料（作りやすい分量）
にんじん……2本（300g）
卵……1個
油……大さじ1/2
A
┌ 酒……大さじ1
│ しょうゆ……小さじ1
│ 塩……小さじ1/4
└ こしょう……少々
削り節……1袋（2.5g）

1 にんじんはスライサー（または包丁）で細切りにする。卵は溶きほぐす。

2 フライパンに油を強火で熱し、にんじんを入れ、2分ほど炒める。Aを加えて手早くなじませ、溶きほぐした卵をまわし入れてさらに炒める。卵がかたまってきたら、削り節を加えて混ぜる。

 保存期間｜冷蔵で **3〜4** 日

 作りおきヒント

にんじんはスライサーを使うと、2本分の細切りもラクチンです。
卵は傷みやすいので、しっかり火が通るまで炒めましょう。
食べるときにツナを加えたり、水けをきった木綿豆腐と炒め合わせても。

にんじんのみそバター煮

材料（作りやすい分量）
にんじん……2本（300g）
A
┌ 水……1カップ
│ みそ……大さじ1・1/2
│ バター……20g
└ 砂糖……大さじ1

1 にんじんは長さを3等分に切り、太い部分は6つ割り、細い部分は4つ割りにする。

2 鍋にAを入れて混ぜ、にんじんを加えて煮立て、ときどき上下を返しながら中火で7〜8分、煮汁が半分ほどになるまで煮る。

保存期間｜冷蔵で **3〜4** 日

 作りおきヒント

肉料理などのつけ合わせにおすすめです。
冷蔵庫で保存している間に、バターが冷えて
かたまります。必ず温め直して食べてください。

玉ねぎとソーセージのケチャップ炒め

材料(作りやすい分量)
玉ねぎ……1個(200g)
ウインナソーセージ……6本(120g)
ホールコーン(缶詰)……50g
油……大さじ1/2
A ┌ トマトケチャップ……大さじ2
　├ 塩……小さじ1/4
　└ こしょう……少々

1 玉ねぎは縦半分に切ってから横に幅7〜8mmに切り、長いものはさらに半分に切る。ソーセージは3等分の斜め切りにする。コーンは汁けをきる。

2 フライパンに油を中火で熱し、玉ねぎ、ソーセージを2〜3分炒める。

3 コーン、Aを加えて2分ほど炒め合わせる。

保存
期間 │ 冷蔵で **4〜5** 日

作りおき
ヒント

プチプチのコーンが食感のアクセントになります。
パンに合わせてもいいし、いり卵と合わせて、
ごはんにのせて食べてもおいしいです。

玉ねぎの甘酢漬け

材料（作りやすい分量）
玉ねぎ……1個（200g）
◎甘酢
　酢、水……各大さじ3
　砂糖……大さじ2
　塩……小さじ1/2

1 玉ねぎは縦半分に切ってから縦に薄切りにする。

2 ボウルに甘酢の材料を入れて混ぜる。玉ねぎを加えてからめ、冷蔵庫に1時間以上おく。

保存期間 ｜ 冷蔵で **6〜7**日

かつおのたたきにのせてゆずこしょうを添えれば、
さっぱりとしたおつまみ風に。

作りおきヒント

甘酢に漬けて1時間ほどで食べられますが、
3時間以上おけば味がよりなじみます。
そのまま箸休めにもなりますが、
サラダに混ぜたり、マヨネーズと混ぜて
フライに添えたりするのもおすすめ。

ピーマンの塩昆布あえ

材料（作りやすい分量）
ピーマン……8個（280g）
塩昆布……10g
A ┌ ごま油……大さじ1/2
　 └ 塩……少々

1 ピーマンは縦半分に切って種とワタを除き、横に幅2〜3mmに切る。

2 鍋にたっぷりの湯を沸かし、1を入れ、10秒ほどゆでてざるに上げる。水けをしっかりきってボウルに入れ、塩昆布、Aを加えて混ぜる。

保存期間｜冷蔵で **6〜7** 日

作りおきヒント

時間が経つほどに塩昆布がなじみ、おいしくなります。
ピーマンの食感を生かしたいから、
加熱時間はほんの10秒ほどでOKです。

ピーマンの丸ごとオイル蒸し

材料（作りやすい分量）
ピーマン……8個（280g）
オリーブオイル……大さじ1/2
塩……小さじ1/3
白ワイン（または酒）……大さじ1

1 ピーマンを鍋に入れ、オリーブオイルをかけてからめ、塩をふって混ぜる。

2 白ワインをふってふたをし、中火にかけ、2分ほど経ってパチパチと音がしてきたら弱火にする。10分ほど経ったら上下を返し、さらに10分ほど蒸し焼きにする。

保存期間｜冷蔵で **4〜5**日

作りおきヒント
中の種はもちろん、かたいものでなければヘタも食べられます。
長めに加熱するので、厚手の鍋がおすすめ。
厚手の鍋がなければ、
5分ごとに向きを変えるなど、こげないように調節を。

ピーマン

じゃがいもとツナの
ソース煮っころがし

材料（作りやすい分量）
じゃがいも……3個（450g）
ツナ（油漬け・缶詰）……小2缶（140g）
A ┌ 水……1・1/2カップ
　├ ウスターソース……大さじ2
　└ しょうゆ……大さじ1

1 じゃがいもはひと口大に切る。ツナは軽く油をきる。

2 鍋にAを煮立て、1を入れる。再び煮立ったら、強めの中火で10〜12分、ときどき上下を返しながら、汁けがほとんどなくなるまで煮る。

保存期間 ｜ 冷蔵で **3〜4**日

作りおき
ヒント

ソースはウスターを使いましたが、好みで中濃でも。
ソース味とはいっても、しょうゆを加えているので、
ごはんによく合います。
強めの火加減で煮るので、鍋の縁がこげかかったら
ぬらしたペーパータオルを菜箸でつまんでふくと、
こげつきはある程度抑えられます。

せん切りじゃがいものさっぱりあえ

材料（作りやすい分量）
じゃがいも……2個（300g）
A ┌ 酢……大さじ3
　├ ごま油……大さじ1/2
　├ 砂糖……小さじ1
　└ 塩……小さじ1/3

1 じゃがいもはスライサー（または包丁）でせん切りにする。ボウルに入れ、数回水をかえながら洗い、水がきれいになったらざるに上げる。ボウルにAを混ぜておく。

2 鍋に湯を沸かし、じゃがいもを入れ、少し透き通ってくるまで10秒ほどゆでて冷水にとり、水けをよくきる。Aのボウルに加えてあえる。

保存期間｜冷蔵で **4〜5** 日

作りおきヒント

さっと熱湯に通す程度にして、食感を残すのがポイント。
表面のデンプンが残っているとべたつくので、
よく洗ってからゆでてください。

シンプルポテトサラダ

材料（作りやすい分量）
じゃがいも……3個（450g）
玉ねぎ……1/4個（50g）
塩……小さじ1/4
A
├ 酢……大さじ1
├ 塩……小さじ1/3
└ こしょう……少々
マヨネーズ……大さじ3

ルッコラや生ハムを添えれば、前菜風に。
サンドイッチなどにも。

1 玉ねぎは縦に薄切りにしてボウルに入れ、塩をふってまぶし、15分ほどおく。軽くもみ、水けをしぼる。

2 じゃがいもは皮つきのまま洗い、水けがついたまま1個ずつラップで包み、電子レンジで5分ほど加熱する。上下を返して2分ほど、竹串がすっと通るようになるまで加熱する。

3 じゃがいもが熱いうちに皮をむいてボウルに入れ、フォークなどでつぶす。Aを加えて混ぜ、粗熱が取れたら玉ねぎとマヨネーズを加えて混ぜる。

保存期間｜冷蔵で **3～4**日

作りおきヒント
じゃがいもが熱いうちに下味をなじませ、
マヨネーズは冷めてから混ぜましょう。
熱いうちに混ぜると、油っぽくなります。
塩もみきゅうりやハム、コンビーフを加えても。

じゃがいも

なめたけ

材料（作りやすい分量）
えのきだけ……大1袋（200g）
しめじ……1パック（100g）
しいたけ……4〜5個（100g）
A ┌ 酒、しょうゆ、砂糖……各大さじ2
　 └ 塩……少々

1 えのきだけは根元を落とし、長さを半分に切ってほぐす。しめじは小房に分ける。しいたけは石づきを落とし、半分に切ってから薄切りにする。

2 鍋に1、Aを入れて混ぜ、ふたをして弱火にかける。煮立ったら上下を返すように混ぜ、中火にして再びふたをして2分ほど煮る。ふたをはずしてさらに2〜3分、混ぜながら汁けがほとんどなくなるまで煮る。

POINT

最初はきのこの水分を
引き出すために、
ふたをして煮る。

水分が出たらふたをはずし、
汁けを飛ばしながら
炒め煮にする。

保存期間｜冷蔵で **6〜7**日

作りおきヒント ＞ まいたけやエリンギなど、好みのきのこでもかまいませんが、えのきだけはほどよいとろみが出るのでぜひ入れて。粉山椒やゆずこしょう、梅肉を加えてアクセントにしても。大根おろしと合わせれば、酒のつまみにぴったりな小鉢に。

きのこ

きのこのペペロンチーノ炒め

材料（作りやすい分量）
エリンギ……1パック（100g）
まいたけ……2パック（160g）
にんにくの薄切り……1かけ分
赤唐辛子（種を取ってちぎる）……1本分
オリーブオイル……大さじ1
A ［ 白ワイン（または酒）……大さじ1
　 塩……小さじ1/3
　 粗びき黒こしょう……少々
パセリの粗みじん切り……大さじ2

1 エリンギは長さを半分に切って縦に6つ割りに、まいたけは手で食べやすくさく。

2 フライパンにオリーブオイルとにんにくを入れ、弱火で1分ほど炒める。香りが出たらエリンギ、まいたけ、赤唐辛子を入れて中火で2〜3分、しんなりするまで炒める。

3 Aを加え、汁けがなくなるまで2分ほど炒める。パセリをふってひと混ぜする。

保存期間｜冷蔵で **6〜7** 日

 作りおきヒント ワインのつまみや料理のつけ合わせにぴったりの一品です。
パセリはオレガノ、タイムなどの好みのハーブにしても。
パスタやオムレツの具にするのもおすすめです。

きのこと豆のサラダ

材料（作りやすい分量）
しいたけ……4〜5個（100g）
エリンギ……1パック（100g）
ミックスビーンズ（水煮・缶詰）
　　……1缶（120g）
◎ドレッシング
　オリーブオイル、油……各大さじ1
　しょうゆ、白ワインビネガー
　　　……各大さじ1
　塩、こしょう……各少々

1　しいたけは石づきを落とし、半分に切る。エリンギは長さを半分に切って、縦に3〜4等分の薄切りにする。ミックスビーンズは水けをきる。

2　魚焼きグリルの網か焼き網にしいたけ、エリンギをのせ、片面2〜3分ずつこんがり焼いて取り出す。

3　ボウルにドレッシングの材料を入れてよく混ぜ、2、ミックスビーンズを加えて混ぜる。

保存期間｜冷蔵で **4〜5** 日

作りおきヒント

きのこはこんがり焼くと、ほどよく水分が抜けてうまみが凝縮。
焼き色がつき、表面に汗をかいたときが裏返すタイミングです。
白ワインビネガーは、米酢やりんご酢などにしてもOK。

きのこ

きのこの酒いりを作ろう

シンプルな塩味でさっと火を通しておくと、便利なひと品に。
ちょっと薄味くらいの方が、いろいろアレンジができて重宝です。
好みのきのこでOKですが、数種類使うと、味に深みが出ます。

材料（作りやすい分量・でき上がり約450ｇ）
えのきだけ……大1袋（200g）
まいたけ……2パック（160g）
しめじ……1パック（100g）
A ┌ 酒……大さじ2
　 └ 塩……小さじ1/2

1 えのきだけは根元を落とし、長さを半分に切ってほぐす。まいたけは手で食べやすくさく。しめじは小房に分ける。

2 鍋に1を入れ、Aをふってふたをし、中火にかける。2分ほど蒸し煮にして全体を混ぜ、再びふたをしてさらに2分ほど煮る。

3 ふたをはずし、汁けがなくなるまで混ぜながら煮る。味をみて、足りなければ塩少々（分量外）で味をととのえる。

保存期間｜冷蔵で **6～7** 日

そのままで → 大根おろしとあえて、さっぱりとしたおつまみに。しょうゆやポン酢しょうゆをかけても。

きのこの冷製パスタ

納豆と合わせて、体もよろこぶ1品に。混ぜながら食べて。

材料（2人分）
きのこの酒いり……1/3量（150g）
納豆……2パック（80〜100g）
スパゲッティ……160g
納豆に添付のたれ*……2パック分
しょうゆ……小さじ2
万能ねぎの小口切り……少々

*納豆のたれがない場合は、しょうゆを大さじ1にし、砂糖少々を加えたものをかけて。添付の練り辛子は好みで混ぜても。

1 スパゲッティは袋の表示通りにゆで、冷水にとって冷ます。しっかりと水けをしぼって器に盛る。

2 納豆は添付のたれを混ぜる。

3 スパゲッティにきのこと納豆をのせ、しょうゆをかけ、万能ねぎをふる。

豚肉のきのこソース

シンプルなソテーがグッとおいしくなる、うまみたっぷりのソースに。

材料（2人分）
きのこの酒いり……1/4量（110g）
豚ロースとんカツ用肉……2枚（200g）
玉ねぎ……1/4個（50g）
塩、こしょう……各適量
油……大さじ1/2
白ワイン（または酒）……大さじ2
生クリーム……1/2カップ
ベビーリーフ……適宜

1 豚肉は筋切りをして塩小さじ1/4、こしょう少々をふる。玉ねぎは縦に薄切りにする。

2 フライパンに油を弱めの中火で熱し、豚肉を3〜4分焼き、上下を返して2〜3分焼いて器に盛る。

3 2のフライパンで玉ねぎをしんなりするまで炒め、白ワインを加えて煮立てる。きのこ、生クリームと、塩、こしょう各少々を加え、1分ほど煮て2にかける。ベビーリーフを添える。

きのこ

もやしとにらのオイスターソース炒め

材料（作りやすい分量）
もやし……2袋（400g）
にら……1/2束（50g）
ごま油……大さじ1/2
A ┌ オイスターソース……大さじ1
  │ しょうゆ……大さじ1/2
  └ こしょう……少々
◎水溶き片栗粉
  │ 水……大さじ3
  │ 片栗粉……大さじ1

1 もやしはできればひげ根を取る。にらは長さ3cmに切る。

2 フライパンにごま油を強火で熱し、もやしを入れ、1分ほど炒めてにらを加えて混ぜる。Aを加え、全体になじんだら水溶き片栗粉を混ぜてから加え、とろみをつける。

保存期間 | 冷蔵で **3~4**日

作りおきヒント

もやしはさっと炒めて、早めに調味料を入れると歯ごたえよく。
日ごとに水分が出てくるので、かためのとろみをつけています。
レバーや豚肉を加えてボリュームアップも。

豆もやしの中華あえ

材料（作りやすい分量）
豆もやし……2袋（400g）
A ┌ 酢……大さじ1
  └ 塩……小さじ1/3
B ┌ しょうゆ、具入りラー油、酢
  │   ……各大さじ1
  │ 砂糖……小さじ1
  └ 塩……少々

1 豆もやしはできればひげ根を取る。

2 耐熱のボウルに豆もやしを入れてAをふり、ふんわりとラップをかけて電子レンジで3分ほど加熱する。いったん取り出して大きく混ぜ、再びラップをかけて2~3分、しんなりするまで加熱し、そのまま2分ほどおく。

3 取り出して水けを捨て、熱いうちにBを加えて手早くあえる。

保存期間 | 冷蔵で **5~6**日

作りおきヒント

酢、塩をふって加熱すると、もやし特有の臭みが抑えられます。
レンジにかけた後は、余熱で完全に火を通してください。
味がぼやけないように、水けを捨ててから調味しましょう。

さやいんげんとさつま揚げの煮もの

材料（作りやすい分量）
さやいんげん……200g
さつま揚げ…… 4枚（200g）
削り節……1袋（2.5g）
◎煮汁
　水……1・1/2カップ
　酒、しょうゆ……各大さじ2
　砂糖……大さじ1・1/2

1 いんげんは長さを半分に切る。さつま揚げはペーパータオルではさんで表面の油を押さえ、3等分に切る。

2 鍋に煮汁の材料を入れて煮立て、いんげん、さつま揚げ、削り節を加え、落としぶたをして中火で10〜12分、いんげんにしわが寄るまで煮る。

保存期間｜冷蔵で **3〜4** 日

作りおきヒント

さつま揚げと削り節のうまみで、だし汁なしでも満足の味わいに。
落としぶたは丸く切ったアルミホイルでもいいし、
なければこまめに混ぜながら、汁を含ませるように煮るのでも大丈夫。

さやいんげんと鶏肉の蒸し煮

材料（作りやすい分量）
さやいんげん……200g
鶏もも肉……大1枚（300g）
にんにく……2かけ
オリーブオイル……大さじ1
A ┌ 白ワイン……1/3カップ
　│ 塩……小さじ1/3
　└ こしょう……少々

1　にんにくは半分に切ってつぶす。鶏肉はやや小さめのひと口大に切る。

2　鍋にいんげん、1を入れ、オリーブオイルを加えてからめる。Aを加え、ふたをして中火にかけ、2分ほど経ったら弱火にし、こげつかないようにときどき様子を見ながら10分ほど蒸し煮にする。

3　上下を返し、再びふたをして、いんげんがやわらかくなるまで5～6分蒸し煮にする。

保存期間｜冷蔵で **3**～**4**日

作りおき
ヒント

厚手の鍋を使うとこげつきにくくなります。
途中で水分がなくなったら、水か白ワインを大さじ2ほど足して。
鶏肉のゼラチン質とオイルが溶け合って、
とろんとおいしいソースのようになります。

トマトとさつま揚げのおでん

材料（作りやすい分量）
トマト……4個（600g）
さつま揚げ……4枚（200g）
◎煮汁
  水……2・1/2カップ
  めんつゆ（3倍濃縮）……1/2カップ

1 トマトはヘタを取り、熱湯に10秒ほどつけて水にとり、手で皮をむく。さつま揚げはペーパータオルではさんで表面の油を押さえ、半分に切る。

2 鍋に煮汁の材料を入れて煮立て、1を入れ、再び煮立ったら火を止めて、そのまま冷ます。冷蔵庫に半日ほどおく。

保存期間｜冷蔵で **3〜4**日

作りおきヒント
半日おくと味がよくなじみます。
温め直して食べてもいいのですが、
冷やしたまま食べると、トマトのうまみがより際立ちます。
汁はゆでたそうめんやそばのつけつゆにしてもおいしい。

ミニトマトのナムル

材料（作りやすい分量）
ミニトマト……2パック（28〜30個）

A
- にんにくのすりおろし……小さじ1/3
- 白すりごま……大さじ2
- ごま油……大さじ1
- 塩……小さじ1/2

1 ミニトマトは半分に切る。ボウルに入れ、Aを加えてあえる。

保存期間｜冷蔵で **3〜4**日

作りおきヒント

すりごまは風味づけのほか、水分を受け止める役割も。
トマトの甘みが足りないときは、砂糖を少し加えましょう。
そうめんのつけつゆに加えるのも、おすすめです。

トマトの塩麹あえ

材料（作りやすい分量）
トマト……2個（300g）
塩麹*……大さじ1

＊塩分によって、量は加減してください。

1 トマトは乱切りにする。ボウルに入れ、塩麹を加えてあえる。

保存期間｜冷蔵で **4〜5**日

 作りおき
ヒント

トマトはなるべくかたいものを選ぶのが◎。
数日経ってくったりしてきたら、スープに入れたり、
卵や肉と炒めたりしてもおいしいです。

トマトサルサを作ろう

ジューシーなトマトはサルサにして、料理に活用しましょう。
時間とともに塩味がなじんで、おいしくなります。
肉や魚のソテーに添えたり、冷製パスタソースにも。

材料（作りやすい分量・でき上がり約350g）
トマト……2個（300g）
香菜……1株（10g）
玉ねぎ……1/8個（25g）
塩……小さじ1/2
こしょう……少々

1　トマト、香菜は粗みじん切りにする。玉ねぎはみじん切りにする。ボウルに入れ、塩、こしょうを加えて混ぜ、1時間以上おく。

保存期間｜冷蔵で **4～5** 日

← ブルスケッタに

カリッと焼いたフランスパンにのせ、オリーブオイルをかければ、ワインのおともにぴったりのおつまみになります。クラッカーに添えるのもおすすめ。

← フライに

揚げものとも相性抜群。フライのソースにすれば、油っぽさが抑えられ、さっぱり食べられます。鶏のから揚げやとんカツにかけても。

トマト

きゅうりの浮かし漬け

材料（作りやすい分量）
きゅうり……3本（300g）
A ┌ 水……2カップ
  │ 酢、塩……各大さじ1
  └ 昆布茶（粉末）……小さじ1

1 きゅうりはピーラーで皮をしま目にむき、長さを4等分に切る。

2 保存容器にAを入れて混ぜ、きゅうりを入れる。冷蔵庫に3〜4時間おく。

保存期間｜冷蔵で **6〜7** 日

作りおきヒント

夏向きのさっぱりとした浅漬けです。
よく冷やしてそのままポリポリとどうぞ。
青じそやみょうがを一緒に漬け込むのもおすすめ。
豚肉で巻いてフライパンで焼けば、目先の変わったおつまみに。

塩もみきゅうり

材料（作りやすい分量）
きゅうり……3本（300g）
塩……小さじ1/2

1 きゅうりは薄い小口切りにしてボウルに入れ、塩をふってまぶし、軽くもむ。

保存期間｜冷蔵で **3〜4**日

わかめ、ほぐしたかに風味かまぼこと合わせ、酢としょうゆであえて。さっぱり副菜に。

作りおきヒント

シンプルな塩もみは、そのまま箸休めに、
しらすやのりと一緒に混ぜごはんに、
冷たい麺や納豆のおともにと重宝します。
塩の分量は、きゅうりの重量の約1%が目安。
出てきた水けはしぼらずに保存してください。

揚げなすのエスニックサラダ

材料（作りやすい分量）
なす……4本（320g）
紫玉ねぎ……1/4個（50g）
桜えび（乾燥）……5g
にんにくの粗みじん切り……1かけ分
A┌ 酢……大さじ4
 ├ ナンプラー……大さじ1・1/2
 └ 砂糖……大さじ1/2
揚げ油……適量

1 紫玉ねぎは横に薄切りにし、ボウルに入れ、桜えび、Aを加えて混ぜる。

2 揚げ油を低温（約160℃）に熱し、にんにくを入れ、薄く色づくまで揚げてすくい網で取り出し、1に加えて混ぜる。

3 なすは乱切りにする。揚げ油を高温（180〜190℃）に熱し、なすの半量を入れ、上下を返しながら2〜3分、切り口が色づくくらいまで揚げ、油をきる。残りも同様に揚げて油をきり、2のボウルに加えて混ぜる。20分ほどおく。

POINT
油がきれたらすぐ、
なすが熱いうちに加えると
味がよくなじむ。

保存期間｜冷蔵で **3〜4** 日

作りおきヒント
高めの温度で揚げると油っぽくなりにくいです。
ペッパーソースか一味唐辛子を加えて
ピリ辛味にしても。
食べるときに刻んだ香菜をのせると、
よりエスニックな味わいに。

なすの鍋しぎ

材料（作りやすい分量）
なす……4本（320g）
ピーマン……3個（100g）
油……大さじ5
A
├ 酒……大さじ2
├ みそ……大さじ1・1/2
└ 砂糖……大さじ1

1 なすは縦半分に切ってから斜め3〜4等分に切る。ピーマンは乱切りにする。Aは混ぜておく。

2 フライパンに油大さじ3ほどを強めの中火で熱し、なすを入れ、2〜3分炒める。すぐに油を吸うので、様子を見ながら残りの油を足し、さらに3〜4分炒める。

3 ピーマンを加えてひと炒めし、フライパンに油が残っていればペーパータオルでふく。Aを加え、からめながら1分ほど炒める。

保存期間 ｜ 冷蔵で **3〜4**日

作りおきヒント

なすは多めの油で炒め、色鮮やかに仕上げます。
日が経つにつれ、色は少しずつあせていきますが、味はしみてよりおいしく。
刻んだみょうがとともにめんつゆに加え、そうめんなどのつけつゆにしても。

レンジ蒸しなすの薬味だれ

材料（作りやすい分量）

なす……4本（320g）

長ねぎ……1/4本（40g）

A
- しょうがのすりおろし……小さじ1
- しょうゆ、酢……各大さじ2
- 砂糖……大さじ1/2
- 一味唐辛子……少々

1 なすはヘタを落とし、切り口に深さ1cmほどの放射状の切り込みを3〜4本入れる。1本ずつラップで包み、電子レンジで3分加熱する。上下を返してさらに2〜3分、色鮮やかになり、やわらかくなるまで加熱する。ラップごと氷水にとって冷ます。

2 長ねぎはみじん切りにしてボウルに入れ、Aを加えて混ぜる。

3 なすのラップをはずし、切り口の切り込みから食べやすくさいて、2のボウルに加えて混ぜる。

保存期間｜冷蔵で **3〜4**日

作りおき
ヒント

1本ずつラップで包んでから加熱すると、紫色が鮮やかに仕上がります。
しょうがのきいたたれをしっかりからめて、
アクが出て変色してしまうのを防ぎます。

なすの塩水漬けを作ろう

空気に触れたり、もんだりすると変色の原因になります。
もまずに、塩水につかった状態で保存するのがポイントです。
食べる分だけ取り出し、そのまま食べたり、炒めものの具に。

材料（作りやすい分量）
なす……5本（400g）
A ┌ 水……1・1/2カップ
  └ 塩……大さじ1

1 ポリ袋にAを入れて混ぜる（袋ごとボウルに入れる
とあとの作業がしやすい）。

2 なすは縦半分に切ってから幅1cmの斜め切りにし、
1のポリ袋に入れる。空気を抜いて口を閉じ、1時間
ほどおく。かさが減ってすき間ができてくるので、
もう一度空気を抜き、口を閉じ、袋ごと保存容器に
入れる。使う分だけ取り出し、水けをしぼる。

保存期間｜冷蔵で **3〜4** 日

POINT

アクが出て変色するのを防ぐため、
切ったそばから塩水につける。

空気に触れないようにしっかりと
空気を抜き、ポリ袋の口を閉じる。

そのままで　→　水けをしぼり、白いりごまや削り節をふって。

なすと豚肉の青じそ炒め

塩水漬けなら、短時間で火が通るうえ、少ない油で炒められます。

材料（2人分）
なすの塩水漬け……1/2量（2・1/2本分）
豚こま切れ肉……150g
青じそ……5枚
塩……小さじ1/4
こしょう……少々
油……大さじ1/2
酒……大さじ1

1 豚肉は塩、こしょうをふる。青じそは1.5cm四方に切る。

2 フライパンに油を強めの中火で熱し、豚肉を入れ、色が変わるまで2〜3分炒める。

3 なすの水けを軽くしぼって加え、1分ほど炒め合わせる。青じそ、酒を加え、汁けがなくなるまで1分ほど炒める。

なすの春巻き

ほどよく味がついているから、何もつけなくてもおいしい。

材料（4本分）
なすの塩水漬け……1/2量（2・1/2本分）
豚ひき肉……100g
A ┌ しょうゆ……大さじ1/2
　│ 片栗粉、酒、ごま油
　│ ……各小さじ1
　└ こしょう……少々
春巻きの皮……4枚
◎水溶き小麦粉
│ 小麦粉、水……各大さじ1
揚げ油……適量

1 ボウルにひき肉とAを入れ、菜箸で混ぜる。なすは軽く水けをしぼる。

2 春巻きの皮を角を手前にして広げ、手前にひき肉と、なすを横に広げてのせ、包む。巻き終わりを水溶き小麦粉でとめる。

3 揚げ油に2を入れて火にかけ、中温（約170℃）に熱し、上下を返しながら4〜5分揚げて油をきる。

ゴーヤーと鶏肉のカレー炒め

材料（作りやすい分量）

ゴーヤー……1本（300g）
鶏もも肉……1枚（250g）
玉ねぎ……1/2個（100g）
トマト……1個（150g）
塩……小さじ1
油……大さじ1/2
A ┌ カレー粉……大さじ1/2
  │ しょうゆ……小さじ1
  └ 塩……小さじ1/3

1 ゴーヤーは縦半分に切り、スプーンで種とワタをかき取り、幅7〜8mmに切る。ボウルに入れ、塩をふってもみ、5分ほどおいてから水洗いして水けをきる。

2 玉ねぎは幅1cmのくし形切りにする。トマトは1cm角に切る。鶏肉はひと口大に切る。

3 フライパンに油を弱めの中火で熱し、鶏肉を皮を下にして入れ、3〜4分焼く。上下を返し、あいているところに玉ねぎを入れて炒めながら、さらに2分ほど焼く。

4 A、ゴーヤー、トマトを加えて強めの中火にし、1〜2分炒め合わせる。

POINT
塩でもむことで
ほどよく苦みが抜けて、
食べやすくなる。

保存期間 ｜ 冷蔵で **3〜4**日

作りおきヒント

ゴーヤーは塩もみをすると苦みがほどよく抑えられ、
ほかの具材となじみやすくなります。
カレー粉としょうゆの組み合わせで、ごはんが進む味に。

ゴーヤーの香味しょうゆ漬け

材料（作りやすい分量）
ゴーヤー……1本（300g）

A ┌ しょうがのすりおろし
　　……小さじ1/2
　　にんにくのすりおろし
　　……小さじ1/3
　　赤唐辛子の小口切り……少々
　　酒、しょうゆ……各大さじ1
　└ 砂糖……小さじ1

1 ゴーヤーは縦半分に切り、スプーンで種とワタを
かき取り、幅5mmに切る。

2 耐熱のボウルに**1**を入れ、**A**を加えてからめ、ふ
んわりとラップをかけて電子レンジで2分ほど加
熱する。いったん取り出して上下を返すように混
ぜ、再びラップをかけて30秒ほど加熱し、そのま
ま冷ます。

保存期間｜冷蔵で**4～5**日

個性的な風味のゴーヤーを、パンチのある味つけで。
5cmほどの長さの棒状に切り方を変えれば、
ほろ苦さがより感じられ、食べごたえも出ます。

ゴーヤーの佃煮

材料（作りやすい分量）
ゴーヤー……1本（300g）
A ┌ 酒……1/3カップ
  │ しょうゆ、砂糖……各大さじ2
  └ 顆粒だしの素……小さじ1/3

1 ゴーヤーは縦半分に切り、スプーンで種とワタを
かき取る。さらに縦半分に切り、幅5mmに切る。

2 鍋にゴーヤーとAを入れて煮立て、ときどき混ぜ
ながら弱めの中火で10〜12分、汁けがほとんどな
くなるまで煮る。

保存期間｜冷蔵で **6〜7** 日

作りおき
ヒント

甘辛味でくたくたに煮ると、グッと食べやすくなり、
ほろ苦さがくせになるごはんのともに。
昆布やしょうがの細切りを一緒に煮るのもおすすめ。

パプリカと豚こまのみそマヨ炒め

材料（作りやすい分量）
パプリカ（赤）……1個（180g）
豚こま切れ肉……200g
玉ねぎ……1/2個（100g）
塩、こしょう……各少々
油……大さじ1/2
A［みそ、マヨネーズ……各大さじ2

1 パプリカは乱切りにし、玉ねぎは幅1cmのくし形切りにする。豚肉は塩、こしょうをふる。Aは混ぜておく。

2 フライパンに油を強めの中火で熱し、玉ねぎと豚肉を入れて2〜3分炒める。豚肉の色が変わったら、パプリカを加えてさらに1〜2分炒める。Aを加えて全体にからめる。

保存期間｜冷蔵で **3〜4** 日

みそとマヨネーズのこっくり味で、パプリカの甘みが引き立ち、
子どもたちにもおすすめのおかずに。
お弁当に入れるなら作った翌日までにし、必ず温め直し、冷ましてから詰めて。

パプリカのアンチョビマリネ

材料（作りやすい分量）
パプリカ（赤・黄）……合わせて3個（540g）

A ┌ アンチョビ（フィレ）の
　│　粗みじん切り……2〜3切れ分（10g）
　│ にんにくのすりおろし
　│　……小さじ1/3
　│ オリーブオイル、油
　│　……各大さじ1・1/2
　│ しょうゆ……小さじ1
　│ 塩……小さじ1/4
　└ こしょう……少々

1 パプリカは4つ割りにし、魚焼きグリルの網か焼き網にのせ、強火で皮が真っ黒になるまで4〜5分焼く。上下を返して1分ほど焼き、ペーパータオルではさんで10分ほど蒸らす。

2 皮をむき、縦半分〜3等分に切る。

3 ボウルにAを入れて混ぜ、2を加えてあえる。

保存期間 | 冷蔵で**6〜7**日

作りおきヒント

パプリカは皮をしっかり焼いてから、しばらく蒸らすと皮がむきやすくなります。水っぽくなるので水にはとりません。タイムやオレガノなど、好みのハーブを加えても。

大根と豚こまのポン酢バター炒め

材料（作りやすい分量）
大根……1/3本（500g）
豚こま切れ肉……300g
油……大さじ1
ポン酢しょうゆ……大さじ3
バター……20g
粗びき黒こしょう……少々

1 大根は幅5mmのいちょう切りにする。

2 フライパンに油を強火で熱し、大根を入れ、軽く焼き色がつくまで3〜4分炒める。

3 豚肉を加えて2〜3分、肉の色が変わるまで炒め、ポン酢しょうゆ、バターを加えてからめる。粗びき黒こしょうをふる。

保存期間 ｜ 冷蔵で **3〜4**日

作りおき
ヒント

ポン酢しょうゆの酸味とこっくりバターが好相性です。
大根はしっかり焼きつけるように炒めて、
香ばしく仕上げましょう。
好みで皮つきのままでもOKです。
葉つき大根なら、小口切りにして一緒に炒めても。

大根

大根の炒めナムル

材料（作りやすい分量）
大根……1/3本（500g）
塩……小さじ2
ごま油……大さじ1

A ┌ にんにくのすりおろし
　　　　……小さじ1/3
　├ 白すりごま……大さじ2
　├ 酒……大さじ1
　└ 塩、こしょう……各少々

1 大根は長さ5〜6cm、幅7〜8mmの棒状に切る。ボウルに入れ、塩をふってまぶし、15分ほどおいて水けをしぼる。

2 フライパンにごま油を強めの中火で熱し、大根を入れ、透き通ってくるまで2〜3分炒める。Aを加えてからめる。

保存期間｜冷蔵で**4〜5**日

作りおきヒント

水けをしぼってから炒めることで、水っぽくなりません。
歯ざわりもよくなるし、大根の甘みも出ます。
より細く切ると、かさが減ってしんなりした仕上がりに。
味つけの前に味をみて、塩の量は加減してください。

ナンプラーなます

材料(作りやすい分量)

大根……1/3本(500g)

にんじん……1/5本(30g)

塩……大さじ1/2

A ┌ にんにくのすりおろし
  │   ……小さじ1/4
  │ 酢、砂糖……各大さじ2
  │ ナンプラー……大さじ1
  └ 塩……小さじ1/4

1 大根、にんじんはスライサー(または包丁)でせん切りにする。合わせてボウルに入れ、塩をふってまぶし、15分ほどおいて水けをしぼる。

2 Aを混ぜて**1**に加え、あえる。

保存
期間 ┃ 冷蔵で **6〜7**日

作りおき
ヒント

ゆでたむきえびを混ぜてサラダにも。
バゲットにハムや炒めた豚肉、香菜と合わせてはさめば、
ベトナムのサンドイッチ、バインミー風になります。

塩ゆで大根を作ろう

塩ゆでしておけば、保存性が高まるだけでなく、
さっと煮るだけでボリュームのあるおかずになり、時短調理に役立ちます。
カレーの具にするのも、目先が変わっておいしい。

材料（作りやすい分量・でき上がりの大根約700ｇ）
大根……1/2本（750ｇ）
塩……小さじ1

1 大根は大きめの乱切りにする。

2 鍋に5カップの湯を沸かし、塩を加える。大根を入れ（湯が
ひたひたよりも少なければ水と塩少々を足す）、再び煮立っ
たら中火で8分ほどゆで、そのまま冷ます。汁ごと保存容器
に移す。

保存
期間 ｜ 冷蔵で **3〜4** 日

そのままで → 温めて器に盛り、練りみそ＊をかければ、ふろふき大根に。
＊耐熱のボウルにみそ大さじ2、酒、水、砂糖各大さじ1を入れて混ぜ、
ラップをかけずに電子レンジで1分ほど加熱する。

麻婆大根

材料（2人分）
塩ゆで大根……300g
豚ひき肉……150g
油……大さじ1/2

A
┌ 塩ゆで大根のゆで汁*
│　……3/4カップ
│ しょうがのすりおろし
│　……小さじ1/2
│ しょうゆ……大さじ1
│ 片栗粉……小さじ2
└ 豆板醤……小さじ1/2

万能ねぎの小口切り……少々
＊ゆで汁が足りないときは水と塩少々を足す。

1 フライパンに油を強めの中火で熱し、ひき肉をほぐしながら2～3分、焼き色がつくまで炒める。塩ゆで大根を加え、1分ほど炒める。

2 Aを混ぜて加え、混ぜながらとろみがつくまで煮る。器に盛り、万能ねぎをふる。

ジューシーな大根に、ピリ辛のひき肉あんをたっぷりからめて。

10分でぶり大根

材料（2人分）
塩ゆで大根……300g
ぶり……2切れ（200g）

A
┌ しょうがの薄切り……1かけ分
│ 塩ゆで大根のゆで汁*
│　……1・1/2カップ
│ めんつゆ（3倍濃縮）……大さじ2
└ 酒……大さじ1

＊ゆで汁が足りないときは水と塩少々を足す。

1 ぶりは1切れを3～4等分に切る。

2 フライパンにAを入れて煮立て、ぶりを加えて強めの中火にし、再び煮立ったら大根を加える。

3 ときどき上下を返しながら5～6分、汁けがほとんどなくなるまで煮る。

時間がないときでもおいしくできる、お助けレシピ。

大根 一

かぶとベーコンの煮もの

材料（作りやすい分量）

かぶ……4個（320g）
かぶの葉……2個分（200g）
ベーコン……3枚（50g）
A ┌ 水……2カップ
　├ 洋風スープの素（顆粒）……大さじ1/2
　├ 塩……小さじ1/2
　└ 粗びき黒こしょう……少々

1　かぶは皮つきのまま縦半分に切る。ベーコンは幅2cmに切る。鍋に湯を沸かし、かぶの葉をさっとゆで、冷水にとって冷ます。水けをしぼって長さ3cmに切る。

2　鍋にAを入れて煮立て、かぶ、ベーコンを加え、再び煮立ったら弱火にして4分ほど煮る。かぶの葉を加え、再び煮立ったら火を止める。

保存期間｜冷蔵で **3〜4**日

かぶは5cm大ほどのものを使っています。
煮過ぎるとすぐくずれてしまうので、煮る時間は大きさで調整を。
葉もゆでてから加えて、かぶに火が通り過ぎるのを防ぎます。

かぶの葉と油揚げの煮びたし

材料（作りやすい分量）

かぶの葉……3個分（300g）
油揚げ……1枚（50g）
A ┌ だし汁……2カップ
　├ 酒……大さじ2
　├ しょうゆ……大さじ1
　├ 砂糖……大さじ1/2
　└ 塩……小さじ1/3

1　かぶの葉は長さ3〜4cmに切る。油揚げは細長く半分に切ってから、幅7〜8mmに切る。

2　鍋にAを入れて煮立て、油揚げを加え、中火で1分ほど煮る。葉を加えてしんなりするまで1分ほど煮る。

保存期間｜冷蔵で **3〜4**日

余りがちなかぶの葉を、ほっと落ち着くひと品に。
まいたけなどのきのこを加えて煮てもおいしくできます。
余熱でも火が通るので、トータル2分ほど煮ればOK。

かぶのそぼろ煮

材料（作りやすい分量）
かぶ……5個（400g）
合いびき肉……200g

A
┌ しょうがのすりおろし
│　　……大さじ1/2
│ だし汁……2カップ
│ 酒……大さじ3
│ しょうゆ……大さじ2・1/2
│ 砂糖……大さじ1
└ 塩……少々

1 かぶは皮つきのまま、茎を3cmほど残して葉を切り落とし、4つ割りにする。茎の根元の汚れをよく洗う。

2 鍋にAを入れ、ひき肉を加えて菜箸でほぐすように混ぜ、強めの中火にかける。煮立ったらアクを取り、かぶを加える。落としぶたをして、弱火で3〜4分煮る。

保存期間 冷蔵で **3**〜**4** 日

作りおきヒント

煮汁とひき肉を先に混ぜて、かぶに合う細かくやわらかいそぼろに。
しょうがのすりおろしをたっぷりのせて食べるのもおすすめです。
茎の根元の汚れは、水につけながら竹串で掃除するとよいでしょう。

かぶの梅あえ

材料（作りやすい分量）
かぶ……4個（320g）
かぶの葉……2個分（200g）
梅干し（塩分約15%）……1個（15g）
A ┌ 酢……大さじ1
　└ 塩、昆布茶（粉末）……各小さじ1/2

1 かぶは皮つきのまま、縦半分に切ってから幅7〜8mmに、葉は幅5mmに切る。梅干しは種を除いて粗くたたく。

2 ポリ袋に1を入れ、Aを加えてふり混ぜ、空気を抜いて口を閉じる。冷蔵庫に20分ほどおいて軽くもみ、保存容器に移す。

保存期間 | 冷蔵で **5〜6** 日

栄養価が高く、食感もいい葉も加えます。
手軽にうまみをプラスできる昆布茶を使っていますが、
代わりに細かく刻んだ昆布を加えても。

長ねぎの粒マスタードマリネ

材料（作りやすい分量）
長ねぎ……2本（320g）
塩……小さじ1/2
◎ドレッシング
　酢……大さじ3
　オリーブオイル、油
　　……各大さじ1・1/2
　粒マスタード……大さじ1/2
　塩……小さじ1/2
　こしょう……少々

1 長ねぎは長さ4〜5cmに切る。鍋に3カップの湯を沸かし、塩を加え、長ねぎを入れて浮いてこないように混ぜながら4分ほどゆでて水けをきる。

2 ボウルにドレッシングの材料を入れて混ぜ、1を加えてあえる。

保存期間｜冷蔵で **6〜7**日

作りおきヒント

冷蔵保存の間にオリーブオイルがかたまってしまうので、
かたまりにくい油（菜種油、米油など）を混ぜています。
ゆで汁もおいしいので、捨てずにラーメンのスープなどに。

長ねぎと豚肉の焼き南蛮

材料（作りやすい分量）

長ねぎ……2本（320g）
豚ロース薄切り肉……300g
油……大さじ2
小麦粉……適量
A ┌ 赤唐辛子の小口切り……少々
  │ 水……1・1/2カップ
  │ しょうゆ、酢……各大さじ4
  └ 砂糖……大さじ2

1 長ねぎは長さ4〜5cmに切る。豚肉は3等分に切る。

2 フライパンに油大さじ1を弱めの中火で熱し、長ねぎを入れ、両面を2〜3分ずつ焼き、耐熱の保存容器に入れる。

3 フライパンに残りの油を足し、豚肉に小麦粉をまぶして入れる。中火で2〜3分、上下を返して2分ほど焼き、余分な油をペーパータオルで除いて2に加える。

4 3のフライパンにAを入れて煮立て、3の容器に注ぎ、粗熱を取る。

保存期間 | 冷蔵で **3〜4** 日

作りおきヒント

豚肉は小麦粉をまぶして焼くと口当たりよく、冷めてもおいしい。
肉を焼いたあとのフライパンで調味料を煮立て、肉のうまみも利用します。
かぼちゃやパプリカなどを一緒に焼いて漬け込んでも。

長ねぎ

長ねぎときくらげの中華あえ

材料（作りやすい分量）
長ねぎ……1本（160g）
きくらげ（乾燥）……大さじ2（8g）
A ┌ しょうゆ、具入りラー油……各大さじ1
  └ 酢、砂糖……各小さじ1

1 長ねぎは斜め薄切りにする。きくらげはたっぷりの水に、袋の表示時間通りにつけてもどし、かたい石づきがあれば除き、大きければちぎる。

2 ボウルに1を入れ、Aを加えてあえ、冷蔵庫に1時間ほどおく。

保存期間 │ 冷蔵で **4〜5**日

作りおきヒント

1時間ほどおいて、長ねぎがしんなりしたら食べごろです。
卵と炒めたり、たたききゅうりとあえたりしてもおいしいし、
ラーメンのトッピングにもぴったりです。

ねぎ塩ごまだれを作ろう

長ねぎの青い部分も刻んで加えれば、軽いとろみが加わって、
素材によくからむ、使いやすいたれになります。
冷ややっこや豚しゃぶなど、幅広く使えます。

材料（作りやすい分量）
長ねぎ……1本（160g）
A ┌ ごま油、白すりごま……各大さじ2
　├ 塩……小さじ2/3
　└ こしょう……少々

1 長ねぎは青い部分もすべてみじん切りにする。

2 ボウルに入れ、Aを加えて混ぜる。

保存期間｜冷蔵で **6〜7**日

← あえものに

ミニトマトとあえてサラダ風のひと品
に。きゅうりやゆでたオクラ、ブロッコ
リーなどにも合います。

← 豚串焼きに

豚薄切り肉を縦長に半分に折って
縫うように串に刺し、フライパンで
焼き、ねぎ塩ごまだれをかけます。
食べやすいおつまみ風のひと品に。

長ねぎ

ブロッコリーの煮びたし

材料（作りやすい分量）
ブロッコリー……大1個（350g）
パプリカ（赤）……1個（180g）

A
┌ しょうがのすりおろし……大さじ1/2
│ だし汁……2カップ
│ しょうゆ……大さじ3・1/2
│ 酒……大さじ2
│ 砂糖……大さじ1
└ 塩……少々

1 ブロッコリーは小房に分け、大きいものは半分に切る。茎は厚めに皮をむき、太さ1cmほどの棒状に切る。パプリカは4つ割りにし、横に幅5mmに切る。

2 鍋にAを入れて煮立て、1を加え、混ぜながら中火で2分ほど煮て、そのまま冷ます。

保存期間｜冷蔵で **3～4** 日

作りおき
ヒント

ていねいにとっただし汁を使った場合は
日持ちしないので、2日ほどで食べきって。
だしの素を使う場合は、ものによって塩分に差があるので、
味をみて少ししょっぱいと感じるくらいにととのえます。

ブロッコリーと豆のオイル煮

材料（作りやすい分量）
ブロッコリー……1個（300g）
ひよこ豆（水煮・缶詰）……1缶（100g）
にんにく……大1かけ
オリーブオイル……大さじ2
A ┌ ローリエ……1枚
  │ 水……1/2カップ
  │ 塩……小さじ1/3
  └ こしょう……少々

1 ブロッコリーは小房に分け、大きいものは半分に切る。茎は厚めに皮をむき、太さ1cmほどの棒状に切る。にんにくは半分に切ってつぶす。ひよこ豆は水けをきる。

2 フライパンにオリーブオイルとにんにくを入れて弱火で炒め、香りが立ったらブロッコリーを加えて炒める。油がまわったらAを加え、煮立ったらふたをし、弱火で10分ほど煮る。

3 ひよこ豆を加えてひと混ぜし、再びふたをする。こげないようにときどき混ぜ、ブロッコリーを軽くつぶしながら、10〜15分煮る。

保存期間｜冷蔵で **3〜4** 日

作りおきヒント

煮ている間に水分がなくなってきたら、
水を1/4カップほど足して、こげつかないようにしてください。
さらに細かくつぶして牛乳を足し、スープにするのもおすすめです。

さつまいものレモン煮

材料（作りやすい分量）
さつまいも……2本（600g）
レモン……1個
A ┌ 水……1・1/2カップ
  │ 砂糖……大さじ3
  └ 塩……小さじ1/4

1 さつまいもは皮つきのまま幅1cmに切り、水にさらす。レモンは両端を落とし、皮と実の間に包丁を入れて皮をむき、幅5mmの輪切りにする。残った皮に実がついてたら果汁をしぼる。

2 鍋にAを入れて煮立て、1を加える。落としぶたをし、弱めの中火で7〜8分、竹串がすっと通るまで煮る。そのまま冷ます。

保存期間 | 冷蔵で **3〜4**日

作りおきヒント

煮くずれやすいので、様子を見ながら煮てください。
レモンは皮やワタを除いて食べやすく仕上げていますが、
苦みをきかせたいときは、防かび剤不使用のレモン1個を皮つきのまま
3枚輪切りにし、残りは果汁をしぼって、煮汁に加えます。

さつまいものマヨサラダ

材料（作りやすい分量）
さつまいも……1本（300g）
玉ねぎ……1/4個（50g）
ブロッコリー……1/3個（100g）
かに風味かまぼこ……4本（50g）
塩……小さじ1/4
A ┌ 酢……大さじ1
  └ 塩……小さじ1/4
B ┌ マヨネーズ……大さじ3
  └ 練り辛子……小さじ1

1 さつまいもは皮つきのまま洗い、水けがついたままラップで包み、電子レンジで3分ほど加熱する。上下を返してさらに3分ほど加熱し、熱いうちにボウルに入れ、皮つきのままフォークで粗くほぐす。Aを加えて混ぜ、冷ます。

2 玉ねぎは縦に薄切りにしてボウルに入れ、塩をふってまぶし、10分ほどおいて軽くもみ、水けをしぼる。ブロッコリーは1.5cm大に切って耐熱のボウルに入れ、ふんわりとラップをかけて電子レンジで2分ほど加熱し、ざるに上げて冷ます。かに風味かまぼこはほぐす。すべて1に加え、Bを加えて混ぜる。

保存期間 | 冷蔵で **3〜4**日

作りおきヒント

ブロッコリーは、加熱後は水にとらず、そのまま冷ましましょう。
熱いうちに調味するとマヨネーズが分離して油っぽくなるので、
しっかり冷ましてから加えてください。

かぼちゃのごま煮

材料（作りやすい分量）

かぼちゃ……1/4個（450g）

A ┌ 水……1・1/2カップ
　├ 白すりごま……大さじ2
　├ しょうゆ……大さじ1
　├ 砂糖……大さじ1/2
　└ 塩……小さじ1/4

1 かぼちゃは3〜4cm大に切る。

2 直径20cmほどの鍋にAを入れて煮立て、かぼちゃを皮を下にして並べ、落としぶたをして7〜8分、弱めの中火で煮る。

保存期間｜冷蔵で **3〜4** 日

作りおきヒント

煮くずれを防ぐには、かぼちゃがすき間なく並ぶくらいの
大きさの鍋を選ぶことと、皮を下にして煮ることが大事。
すりごまを加えると香ばしくなり、煮汁もほどよくからみます。

かぼちゃと鶏肉のガーリックソテー

材料（作りやすい分量）
かぼちゃ……1/4個（450g）
鶏もも肉……大1枚（300g）
にんにく……2かけ

A ┌ オリーブオイル……大さじ1
 ├ 塩……小さじ1/2
 └ こしょう……少々

鶏肉から出たおいしい脂で
かぼちゃを焼きます。
かぼちゃがこげつきやすいので気をつけてください。
シンプルな味つけなので飽きずに食べられます。

1 かぼちゃは長さ4〜5cm、厚さ7〜8mmに切り、Aの半量をからめる。鶏肉はひと口大に切り、残りのAをからめる。にんにくは半分に切ってつぶす。

2 フライパンを弱めの中火で熱し、鶏肉を皮を下にして並べ、3〜4分焼く。脂が出てきたら鶏肉を端に寄せ、にんにくを加え、こがさないように炒める。鶏肉は上下を返してさらに2〜3分焼き、にんにくとともに取り出す。

3 2のフライパンにかぼちゃを並べ、弱めの中火で片面2〜3分ずつ焼く。

保存期間 ｜ 冷蔵で **3〜4**日

かぼちゃ

白菜とひき肉の重ねトマト煮

材料（作りやすい分量）
白菜……1/4個（500g）
合いびき肉……300g

A
┌ 白ワイン（または酒）……大さじ2
│ 片栗粉……大さじ1
│ 塩……小さじ1/2
└ こしょう……少々

B
┌ カットトマト（缶詰）……1缶（400g）
│ 水……1/2カップ
│ 塩……小さじ1/2
└ こしょう……少々

1 白菜は大きめのひと口大にそぎ切りにする。ボウルにひき肉とAを入れてよく練り混ぜる。Bは混ぜておく。

2 フライパンに白菜の1/3量を敷き、肉だねの半量を広げる。同様に白菜、肉だね、白菜の順に重ね、Bをかける。

3 ふたをして煮立て、強めの中火で2分ほど煮る。弱めの中火にし、7〜8分煮る。

保存期間｜冷蔵で **3**〜**4** 日

作りおきヒント

時間が経つにつれ、肉のうまみが白菜にしみておいしくなります。
肉だねにオレガノやナツメグなどのスパイスを加えれば、
香りのアクセントになって風味がよりアップ。
出てくる汁もおいしいので、一緒に食べてください。

白菜

ラーパーツァイ

材料（作りやすい分量）

白菜……1/4個（500g）
しょうがのせん切り……2かけ分
ごま油……大さじ1
A ┌ しょうゆ、黒酢、砂糖
  │   ……各大さじ1
  │ 塩、ラー油……各小さじ1/4
  └ こしょう……少々

1 白菜は、軸は長さ5〜6cm、幅1cmの棒状に切る。葉はざく切りにする。

2 フライパンにごま油を中火で熱し、しょうがをさっと炒める。白菜を加えて強火にし、白菜が軽く透き通ってくるまで1〜2分炒める。

3 Aを加え、全体がしんなりするまで炒める。

保存期間｜冷蔵で **6** 〜 **7** 日

 作りおきヒント　ラーパーツァイは、中国風白菜の甘酢漬けです。
白菜は中心に近い黄色い部分で作るとよりおいしい。
黒酢がなければ、酢に砂糖少々を足してください。
こしょうを花椒粉（ホワジャオ）にするとより本格的な味に。

白菜と牛肉のすき煮

材料（作りやすい分量）
白菜……1/4個（500g）
牛こま切れ肉……250g
しらたき……1袋（200g）
パプリカ（赤）……1/2個（90g）
油……大さじ1
A 「酒……1/3カップ
砂糖、しょうゆ……各大さじ2
塩……少々」

1 白菜はひと口大に切る。パプリカは縦半分に切ってから横に幅5mmに切る。しらたきは食べやすい長さに切り、さっと下ゆでして水けをきる。

2 フライパンに油を強めの中火で熱し、牛肉を入れ、ほぐしながら2分ほど炒める。

3 1を加え、強火にして炒め合わせ、全体に油がまわったらAを加える。上下を返しながら2〜3分、白菜がしんなりするまで煮る。

保存期間｜冷蔵で **3〜4** 日

作りおきヒント

辛いのが好みなら、調味料にコチュジャンを少し
加えてもおいしく作れます。
溶き卵を加えて卵とじにしたり、焼きうどんの具にも。

白菜の浅漬けを作ろう

白菜の浅漬けは、サラダ代わりにもなるし、
炒めものなどの具にも重宝。
しんなりしたらしぼらずに、汁ごと保存してください。

材料（作りやすい分量・でき上がりの白菜約680ｇ）
白菜……大1/3個（750g）
塩……大さじ1/2

POINT

ポリ袋に塩とともに入れ、
空気を含ませて口をしっかり握り、
よくふって塩をまんべんなくまぶす。

1 白菜は横に幅7〜8mmに切る。

2 ポリ袋に入れ、塩を加えてまぶす。空気を抜いて口を閉じ、冷蔵庫に30分ほどおく。しんなりしたら袋の上から軽くもみ、汁ごと保存容器に移す。

 保存期間｜冷蔵で **6〜7** 日

そのままで → 食べるときに汁けをしぼり、七味唐辛子をふって。もう1品というときに重宝な野菜のおかずに。

鯛の刺身サラダ

材料（2人分）
白菜の浅漬け……1/3量（230g）
鯛（刺身用）……120g
◎ドレッシング
　オリーブオイル……大さじ1/2
　しょうゆ……小さじ1
　練りわさび……小さじ1/2

1 白菜の浅漬けは汁けをしぼる。鯛は
　薄切りにする。

2 1を合わせて器に盛り、ドレッシン
　グの材料を混ぜてかける。

好みの刺身と合わせれば、上品なおつまみに。

白菜の
豚肉レモン炒めのせ

材料（2人分）
白菜の浅漬け……1/3量（230g）
豚こま切れ肉……150g
レモン（防かび剤不使用のもの）の
　輪切り…3枚
油……大さじ1/2
A ［酒……大さじ1
　　しょうゆ、砂糖……各小さじ1

1 白菜の浅漬けは汁けをしぼり、器に
　盛る。レモンは1枚を4等分に切る。

2 フライパンに油を強めの中火で熱し、
　豚肉を入れてほぐしながら2分ほど
　炒める。レモン、Aを加え、汁けが
　なくなるまで炒め、白菜にのせる。

炒めた豚肉をのせるとボリューム満点。レモンのさわやかさが好相性。

白菜

小松菜のナンプラー煮びたし

材料（作りやすい分量）
小松菜……1束（200g）
桜えび（乾燥）……5g
◎煮汁
　水……1カップ
　ナンプラー、酒……各大さじ1
　砂糖……小さじ1

1 小松菜は長さ3〜4cmに切る。

2 鍋に煮汁の材料と桜えびを入れて煮立て、小松菜を加えて軽く混ぜ、中火でしんなりするまで煮る。

保存期間｜冷蔵で **3** 〜 **4** 日

作りおきヒント

ナンプラーは魚醤の一種で、濃厚なうまみがあります。
桜えびも加えて、だし汁なしでもおいしい煮びたしに。
冷める間にも火が通るので、しんなりしたら早めに火を止めて。

小松菜と豚こまのしょうが炒め

材料（作りやすい分量）

小松菜……1束（200g）

豚こま切れ肉……200g

しょうがのせん切り……2かけ分

油……大さじ1/2

A
┌ 酒……大さじ1
│ 片栗粉……大さじ1/2
└ 塩、こしょう……各少々

B
┌ 酒……大さじ1
│ しょうゆ……小さじ1
│ 塩……小さじ1/4
└ こしょう……少々

1 小松菜は長さ3〜4cmに切る。ボウルに豚肉を入れ、Aを加えてもむ。

2 フライパンに油を強めの中火で熱し、しょうが、豚肉を入れてほぐしながら2分ほど炒める。肉の色が変わったら、小松菜を加えてひと炒めする。

3 Bを加えて強火にし、小松菜がしんなりするまで2分ほど炒める。

保存期間 │ 冷蔵で **3〜4**日

作りおきヒント

小松菜の茎が太い場合は、葉と茎に切り分け、
茎を先に30秒ほど炒めてから葉を加えるとよいでしょう。
しょうがは少し太めにすると、ピリッと辛みのアクセントに。

小松菜

ほうれん草の黒ごまあえ

材料（作りやすい分量）
ほうれん草……大1束（300g）
A ┌ 黒すりごま……大さじ2
  │ しょうゆ……大さじ1/2
  └ 砂糖……小さじ1

1 鍋にたっぷりの湯を沸かし、塩を加え（分量外・湯5カップに小さじ1の割合）、ほうれん草の根元を入れる。20秒ほどしたら全体を沈め、しんなりしたら水にとって冷まし、水けをしぼって長さ3cmに切る。

2 ボウルにAを入れて混ぜ、ほうれん草を加えてあえる。

保存期間｜冷蔵で **3〜4**日

作りおきヒント

ゆでたあと、水けをしぼりすぎると風味が落ちるので、
水っぽくならないくらいにしぼります。
黒ごまのおかげで、ほうれん草独特のえぐみも気になりません。

ほうれん草の辛子みそマヨあえ

材料（作りやすい分量）
ほうれん草……大1束（300g）
油揚げ……1枚（50g）
A ┌ マヨネーズ、みそ……各大さじ1
  └ 練り辛子……小さじ1

1 鍋にたっぷりの湯を沸かし、塩を加え（分量外・湯5カップに小さじ1の割合）、ほうれん草の根元を入れる。20秒ほどしたら全体を沈め、しんなりしたら水にとって冷まし、水けをしぼって長さ3cmに切る。

2 油揚げはペーパータオルではさんで表面の油を押さえ、オーブントースターで4〜5分、こんがりするまで焼く。細長く半分に切ってから、幅1cmに切る。

3 ボウルにAを入れて混ぜ、ほうれん草、油揚げを加えてあえる。

保存期間｜冷蔵で **3〜4**日

作りおきヒント

ほうれん草は、ゆでて時間をおくと
えぐみが出がちですが、
マヨネーズやみそを合わせると
気にならなくなります。
辛子は好みで、量を加減してください。

れんこんのバルサミコ炒め

材料（作りやすい分量）
れんこん……1節（200g）
オリーブオイル……大さじ1/2
A［ バルサミコ酢、酒……各大さじ1
　 しょうゆ……小さじ1
　 塩、こしょう……各少々

1 れんこんは長さ4〜5cm、太さ1cmの棒状に切り、水にさらす。

2 フライパンにオリーブオイルを中火で熱し、水けをきったれんこんを入れて1分ほど炒める。

3 Aを加え、汁けがなくなるまで2分ほど炒める。

保存期間｜冷蔵で **4〜5**日

作りおきヒント バルサミコ酢はイタリア特産で、甘みがある、香りのよい酢。
しょうゆと合わせることで、ごはんにも合う味つけになります。
生ハムを添えて、ワインのつまみにしても。

れんこんと豚肉のアンチョビ炒め

材料（作りやすい分量）

れんこん……1節（200g）

豚こま切れ肉……200g

アンチョビ（フィレ）

　……2～3切れ（8g）

オリーブオイル……大さじ1

酒……大さじ2

A ┌ にんにくのすりおろし
　│　……小さじ1/2
　│ 塩、粗びき黒こしょう
　└　……各小さじ1/3

1 れんこんは幅5mmの半月切りにし、水にさらす。アンチョビは粗みじん切りにする。

2 フライパンにオリーブオイルを強めの中火で熱し、豚肉を入れてほぐしながら1分ほど炒める。色が変わったら水けをきったれんこんを加え、れんこんが透き通ってくるまで2分ほど炒める。

3 アンチョビを加えてひと炒めし、酒をふる。煮立ったらAを加え、汁けがなくなるまで炒める。

保存期間｜冷蔵で **3**～**4**日

作りおきヒント

切り方によって、歯ざわりが変わります。
棒状に切る（左ページ参照）のもおすすめ。
黒こしょうは多めに使って、ピリッと味を引き締めます。

たたきごぼうと牛肉の黒酢しょうゆ煮

材料（作りやすい分量）
ごぼう……200g
牛こま切れ肉……200g
ごま油……大さじ1/2
◎煮汁
　水……1カップ
　酒、黒酢、しょうゆ……各大さじ2
　砂糖……大さじ1/2

1 ごぼうは麺棒やびんなどでたたいてひびを入れる。長さ4〜5cmに切り、太いものは縦半分に切って、水にさらす。牛肉は大きければ食べやすく切る。

2 鍋にごま油を強めの中火で熱し、水けをきったごぼうを入れ、透き通ってくるまで1〜2分炒める。牛肉を加え、ほぐしながらさらに1分ほど炒める。

3 煮汁の材料を加え、煮立ったらアクを取り、ときどき上下を返しながら、汁けがほとんどなくなるまで中火で10〜12分煮る。

保存期間｜冷蔵で **3〜4**日

作りおき
ヒント

ひびを入れると味がよくしみ、独特の歯ごたえに。
黒酢の酸味を加えることで、肉の脂っこさが抑えられて
さっぱりと食べやすい味わいになります。

ごぼうと昆布の梅煮

材料（作りやすい分量）
ごぼう……200g
梅干し（塩分約15%）……2個
昆布……5～6cm四方1枚（5g）
◎煮汁
　水……1カップ
　酒……1/2カップ
　砂糖……大さじ1
　しょうゆ……小さじ1

1 ごぼうは長さ2cmに切り、水にさらす。昆布はキッチンばさみで1cm四方に切り、煮汁の材料とともに鍋に入れる。梅干しは種を除いてちぎり、鍋に加える。

2 1の鍋に水けをきったごぼうを加えて煮立て、アクを取る。中火にして落としぶたをし、汁けがほとんどなくなるまで10～12分煮る。

保存期間 ｜ 冷蔵で **4～5**日

作りおきヒント

梅干しの酸のおかげで、ごぼうが白くきれいに煮上がります。
低塩分の梅干しを使うなら、しょうゆを大さじ1/2に。
落としぶたがなければ、こまめに上下を返しながら煮てください。

ごぼう ―

135

ごぼうのごまマヨサラダ

材料（作りやすい分量）
ごぼう……200g
れんこん……1/4節（50g）
にんじん……1/3本（50g）
A ┌ 白すりごま、マヨネーズ
 │   ……各大さじ2
 │ 酢……大さじ1
 │ しょうゆ……小さじ1
 └ 塩、こしょう……各少々

1 れんこんは薄いいちょう切りにする。ごぼうとにんじんはささがきにし、れんこんとごぼうは水にさらす。

2 鍋にたっぷりの湯を沸かし、酢を加える（分量外・湯5カップに大さじ1の割合）。にんじん、水けをきったれんこん、ごぼうを入れ、再び煮立ったら2〜3分、歯ごたえが残る程度にゆで、ざるに上げて冷ます。

3 ボウルに2を入れ、Aを加えてあえる。

保存期間｜冷蔵で **3**〜**4**日

 作りおきヒント

白ごまを黒ごまに代えると、よりコクが出ます。練り辛子などを加えても。
根菜は水に長くさらすと風味も抜けてしまうので気をつけましょう。

長いものオイスターソース煮

材料（作りやすい分量）
長いも……300g
◎煮汁
 ┌ 水……1カップ
 │ オイスターソース……大さじ1
 │ しょうゆ……小さじ1
 └ 鶏ガラスープの素……小さじ1/2

1 長いもは幅1cmの輪切りにする。

2 鍋に煮汁の材料を入れて煮立て、長いもを入れて弱火にし、落としぶたをしてときどき上下を返しながら、8〜10分煮る。

保存期間｜冷蔵で **3**〜**4**日

 作りおきヒント

しっかり加熱した長いもはホクッとした食感が楽しめます。
しょうがの薄切りを一緒に煮るのもおすすめです。
煮る時間を3〜4分にすると、サックリとした仕上がりに。

長いもとハムのサラダ

材料（作りやすい分量）
長いも……300g
玉ねぎ……1/8個（25g）
ハム……2枚
塩……小さじ1/4
A ┌ マヨネーズ……大さじ1
 └ しょうゆ、酢……各小さじ1

1 玉ねぎは縦に薄切りにしてボウルに入れ、塩をふってまぶし、15分ほどおいて水けをしぼる。ハムは1cm四方に切る。

2 長いもは長さ3cmに切って耐熱のボウルに入れる。ふんわりとラップをかけて電子レンジで3分ほど加熱する。上下を返して1分ほど加熱し、取り出してフォークでつぶす。

3 粗熱が取れたらA、1を加えて混ぜる。

保存期間｜冷蔵で **3～4** 日

作りおきヒント

長いもをレンジ加熱してつぶすと、
ねっとりとなめらかで、上品な口当たりに。
大きめに切って加熱することで、
ホクホク感が出ます。
きゅうりの塩もみを加えてもおいしくできます。

ちぎった焼きのりをちらして食べるのもおすすめ。

長いものわさびじょうゆ漬け

材料（作りやすい分量）

長いも……300g

A
- しょうゆ、酢……各大さじ1
- 練りわさび……小さじ1
- 砂糖……小さじ1/2
- 塩……少々

1 長いもは長さ3〜4cm、太さ1cmほどの棒状に切る。

2 保存容器にAを入れて混ぜ、長いもを加えてからめ、ときどき上下を返しながら、冷蔵庫に2時間以上おく。

保存期間 ｜ 冷蔵で **4〜5** 日

作りおき
ヒント

シャキシャキと軽快な食感に、わさびのアクセント。
切り方は半月切りなど、好みでOKです。
粘りけの強い大和いもで作るのもおすすめ。

春夏ピクルス

レシピは142ページ

秋冬ピクルス

レシピは143ページ

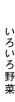

春夏ピクルス

材料（作りやすい分量）
きゅうり……2本（200g）
パプリカ（赤・黄）
　……各1/2個（180g）
セロリ（葉つきのもの）
　……1/2本（60g）
ミニトマト……8個
◎ピクルス液
　ローリエ……1枚
　黒粒こしょう……10〜15粒
　水……2カップ
　酢……1カップ
　砂糖……大さじ2
　塩……小さじ2

1 きゅうりは長さを半分に切り、4〜6つ割りにする。パプリカは縦に幅1cmに切る。セロリは筋を取り、きゅうりと同じくらいの棒状に切る。葉は大きめのざく切りにする。

2 耐熱の保存容器に1とミニトマトを入れる。

3 鍋にピクルス液の材料を入れて煮立て、熱いうちに2にかけ、そのまま冷ます。

POINT
ピクルス液が
熱いうちに野菜にかけ、
冷ましながら味をなじませる。

保存期間｜冷蔵で **10** 日

作りおきヒント

春から夏にかけてがおいしい野菜のピクルスです。
粒こしょうをつぶして加えるとよりピリッとした味に。
オクラやにんじん、玉ねぎなどを加えても。

秋冬ピクルス

材料（作りやすい分量）

ごぼう……80〜100g
れんこん……小1節（150g）
里いも……4個（320g）
にんじん……2/3本（100g）
大根……300g
◎ピクルス液
　赤唐辛子……1本
　水……2カップ
　酢……1カップ
　しょうゆ、砂糖……各大さじ2
　塩……小さじ1/3

1 ごぼうは幅7〜8mmの斜め切り、れんこんは幅7〜8mmのいちょう切りにして水にさらす。里いもは幅1cmに切る。にんじん、大根は長さ3〜4cm、太さ1cmの棒状に切る。

2 鍋に湯を沸かし、水けをきったごぼう、里いもを入れて2分ほどゆでる。水けをきったれんこんを加えてさらに2分ほどゆでて一緒にざるに上げ、耐熱の保存容器に入れる。にんじん、大根を加える。

3 別の鍋にピクルス液の材料を入れて煮立て、熱いうちに2にかけ、そのまま冷ます。

POINT
ピクルス液にしょうゆを加え、
ほんのり和風仕立てに。

保存期間｜冷蔵で **6〜7** 日

作りおきヒント　根菜が中心のピクルス。ごぼうと里いも、れんこんは
好みのかたさにゆでてから漬けます。
しめじやエリンギ、しいたけなどをゆでて加えてもよいでしょう。

いろいろ野菜

夏野菜の揚げびたし

レシピは146ページ

秋冬野菜の揚げびたし

レシピは147ページ

夏野菜の揚げびたし

材料（作りやすい分量）
かぼちゃ……1/8個（200g）
なす……3本（240g）
みょうが……3個
ししとう……大1パック（100g）
揚げ油……適量
◎漬け汁
　赤唐辛子……1本
　だし汁……2カップ
　酢……大さじ4
　しょうゆ……大さじ3
　砂糖……大さじ1・1/2
　塩……少々

1 かぼちゃは長さ4〜5cm、幅7〜8mmに切る。なすは縦半分に切ってから、2〜3等分の斜め切りにする。みょうがは縦半分に切る。ししとうは包丁で1本切り込みを入れる。

2 揚げ油を高温（180〜190℃）に熱し、かぼちゃ、なすを2〜3分ずつ、上下を返しながら揚げ、油をきる。火を止めてみょうが、ししとうを入れてひと混ぜし、ししとうの緑が鮮やかになったら油をきる。

3 保存容器に漬け汁の材料を入れて混ぜ、2が熱いうちに入れ、そのまま冷ます。

POINT
みょうがやししとうは、
火を止めてから入れ、
さっと油通しするくらいでOK。

保存期間｜冷蔵で **4〜5**日

作りおきヒント

酸味のきいた漬け汁でさっぱりと。青じそのせん切りを添えてもおいしい。
少しずつ何回かに分けて揚げると油の温度が下がらず、油っぽくなりません。
ゴーヤーやオクラなどを加えるのもおすすめです。

秋冬野菜の揚げびたし

材料（作りやすい分量）
大根……300g
にんじん……1本（150g）
ごぼう……80〜100g
れんこん……小1節（150g）
揚げ油……適量
◎漬け汁
　しょうがのしぼり汁
　　……大さじ1/2
　だし汁……2カップ
　しょうゆ、酢……各大さじ3
　砂糖……大さじ1・1/2
　塩……少々

1 大根は皮つきのまま幅7〜8mmの半月切りに、にんじんは幅7〜8mmの輪切りにする。ごぼうは幅1cmの長めの斜め切りに、れんこんは皮つきのまま幅7〜8mmの輪切りにする。

2 揚げ油をやや高温（約180℃）に熱し、大根を3〜4分、上下を返しながら軽く色づくまで揚げ、油をきる。ごぼうとれんこん、にんじんは2〜3分、上下を返しながら揚げて、油をきる。

3 ボウルに漬け汁の材料を入れて混ぜ、2が熱いうちに入れ、そのまま冷ます。汁ごと保存容器に移す。

POINT
漬け汁にしょうがの
しぼり汁を加えて、
すっきり味に。

保存期間｜冷蔵で **4〜5** 日

作りおきヒント
油のコクをまとった根菜を、だし汁ベースの漬け汁にひたします。
冷たいままでおいしい。根菜は半日ほど干してから
揚げるのもおすすめです。コリコリした歯ごたえが楽しめます。

いろいろ野菜

ごろごろラタトゥイユ

レシピは150ページ

ソースラタトゥイユ

レシピは151ページ

ごろごろラタトゥイユ

材料（作りやすい分量）
玉ねぎ……1個（200g）
セロリ……1/2本（60g）
なす……3本（240g）
ズッキーニ……1本（200g）
パプリカ（赤）……1個（180g）
トマト……2個（300g）
にんにく……1〜2かけ
オリーブオイル……大さじ3
塩……適量
こしょう……少々

1 玉ねぎは1.5cm四方に切る。セロリは筋を取り、2cm大の乱切りにする。なす、ズッキーニ、パプリカは2cm大の乱切りにする。トマトはざく切りにする。にんにくは半分に切ってつぶす。

2 鍋にオリーブオイル大さじ1と玉ねぎ、にんにく、塩小さじ1/3を入れて弱火にかけ、こがさないように2〜3分炒める。しんなりしたら、セロリを加えて塩少々をふり、2分ほど炒める。

3 なす、ズッキーニを加えて塩少々をふり、残りのオリーブオイルを足して中火にする。なすがしんなりするまで2〜3分炒め、パプリカを加えて塩少々をふり、2分ほど炒める。

4 トマトを加えて塩少々、こしょうをふり、さらに2〜3分炒めたら一度味をみて、塩少々で味をととのえる。こげつかないようにときどき混ぜながら、汁けが少なくなるまで5〜6分炒め煮にする。

POINT
野菜を加えるたびに塩をふる。こうするとそれぞれの野菜からほどよく水分を引き出せるし、味もなじむ。

保存期間｜冷蔵で **6〜7**日

作りおき
ヒント

野菜は大きめに切って、
それぞれの野菜のうまみを楽しみます。
油は思いきってたっぷりと使うことで
コクが出ておいしく。
半日以上おくと味がなじみます。
冷たいまま食べるのもおすすめです。

ソースラタトゥイユ

材料（作りやすい分量）

玉ねぎ……1個（200g）
セロリ……1/2本（60g）
なす……2本（160g）
ズッキーニ……1本（200g）
パプリカ（赤）……1/2個（90g）
にんにくのすりおろし
　　……1かけ分
オリーブオイル
　　……大さじ2・1/2
塩……適量
トマトペースト……35g
こしょう……少々

1 玉ねぎ、なす、ズッキーニ、パプリカは7～8mm角に切る。セロリは筋を取り、7～8mm角に切る。

2 鍋にオリーブオイル大さじ1と玉ねぎ、にんにくを入れ、塩小さじ1/3をふる。弱火にかけ、こがさないように2～3分炒める。

3 セロリを加えて塩少々をふり、1～2分炒める。残りの野菜を加え、残りのオリーブオイルを足して中火にし、塩小さじ1/3をふる。さらに2～3分炒め、トマトペーストを加える。

4 こげつかないようにときどき混ぜながら2～3分煮る。味をみて塩少々、こしょうで味をととのえる。

POINT
最初にたっぷりの油で
玉ねぎとにんにくをじっくり炒め、
甘みを引き出す。

保存期間｜冷蔵で **6～7** 日

作りおき
ヒント

野菜を細かく切って炒めた、ソース感覚のラタトゥイユです。
トマトペーストを加えると、深みが増して風味もアップ。
パスタやスープのほか、そうめんとあえるのも意外なおいしさに。

ソースラタトゥイユを使って

ラタトゥイユオムレツ

材料（1人分）

ソースラタトゥイユ
　（151ページ参照）……50〜80g
卵……3個
A ┌ 牛乳……大さじ1
　└ 塩、こしょう……各少々
バター……10g

1 ボウルに卵を溶きほぐし、Aを加えて混ぜる。

2 フライパンにバターを入れて中火で溶かし、1の卵液を流し入れ、大きく混ぜて半熟状になったら向こう側に寄せて形を整え、30秒ほど焼く。器に盛り、ラタトゥイユをかける。

冷たいままでも、温めても。チーズをふってもおいしい。

ラタトゥイユカレー

材料（2人分）

ソースラタトゥイユ
　（151ページ参照）……200g
豚こま切れ肉……150g
油……小さじ1
水……1・1/2カップ
カレールウ……40g
ごはん……2人分

1 フライパンに油を強めの中火で熱し、豚肉を入れ、ほぐしながら2分ほど炒める。

2 水を加えて煮立て、火を止める。ルウを加えて溶かし、再び中火にかけ、混ぜながら2〜3分煮る。

3 ラタトゥイユを加え、再び煮立ったら火を止める。器にごはんを盛り、カレーをかける。

煮込まなくても深い味わいに。さば缶やゆで卵を加えても。

Part 3

覚えておきたい
肉・魚おかず

冷蔵庫に主菜になる肉や魚のおかずがあれば、
献立を考えるのが格段にスムーズになります。
時間が経つにつれて、味がしみておいしくなる料理や、
一度にたっぷり作るからこそおいしい料理のほか、
毎日の食事にもっと取り入れたい、
魚介の作りおきも厳選して紹介します。
ゆで豚やゆで鶏のように、そのまま食べても、
アレンジしてもおいしい料理は、覚えておくと重宝です。

煮豚

材料（作りやすい分量）
豚肩ロースかたまり肉*……500〜550g
油……大さじ1/2
◎煮汁
　長ねぎの青い部分……1本分
　にんにく（半分に切る）……1かけ分
　しょうがの薄切り……2〜3枚
　水……2カップ
　酒、しょうゆ……各1/2カップ
　砂糖……大さじ2

*たこ糸が巻いてあるか、
　ネットがかかっているものを用意する。

1 フライパンに油を中火で熱して豚肉を入れ、全体に
焼き色がつくまで、向きを変えながら5〜6分焼く。

2 直径約18cmの鍋に煮汁の材料と豚肉を入れて煮立
て、アクを取り、ふたをして弱めの中火で20分ほど
煮る。上下を返して再びふたをし、25分ほど煮て、
そのまま冷ます。

3 豚肉のたこ糸（ネット）をはずし、長ねぎ、しょう
がを除く。

POINT
表面全体を焼き、
香ばしさをつけると同時に、
うまみを閉じ込める。
トングを使うとラク。

保存期間｜冷蔵で **4〜5**日
※煮汁ごと保存し、かたまった脂は取り除く。

作りおき
ヒント

食べる分だけ切り分け、
残りは煮汁ごと保存してください。
食べるときに、煮汁を半量ほどに煮つめてかけ、
練り辛子を添えるのもおすすめです。

← 薬味野菜を添えて
長ねぎの斜め薄切り、粗く刻ん
だ香菜を豆板醤、黒酢、しょうゆ、
ごま油であえたものを添えて。

豚肉
—

ゆで塩豚を作ろう

肉にまぶす塩は肉の重さの2%を目安に。さっと洗ってからゆでると
アクも臭みも取れて、ゆで汁もおいしくなります。
塩をまぶした状態でも、3〜4日は日持ちします。

材料（作りやすい分量）

豚肩ロースかたまり肉
　……500〜550g
塩……大さじ1/2
A ┌ 長ねぎの青い部分……1本分
　├ にんにく（半分に切る）
　│ 　……1かけ分
　├ しょうがの薄切り……2〜3枚
　└ 酒……1/2カップ

1 豚肉は全体に塩をすり込み、ポリ袋に入れて口を閉
じ、冷蔵庫にひと晩おく。

2 豚肉をさっと水洗いする。鍋にAと豚肉を入れ、か
ぶるくらいの水を加えて煮立て、アクが出たら取る。
弱火にし、落としぶたをして50〜60分ゆでる（途中
で肉が水面から出るようになったら水を足す）。そ
のまま冷ます。ゆで汁ごと保存容器に移す。

POINT

側面にもまんべんなく
塩をまぶす。

保存
期間 ｜ 冷蔵で **3〜4**日
※ゆで汁ごと保存し、かたまった脂は除く。

そのままで → ゆで塩豚を薄切りにし、好みの葉野菜やキムチを添えて、くるりと巻いて。
塩もみ野菜を肉で巻くのもおいしい。

塩豚ソテーの
トマトサルサがけ

材料（2人分）
ゆで塩豚……1/2量
オリーブオイル……小さじ1
トマトサルサ（87ページ参照）
　　……適量

1 ゆで塩豚は幅7〜8mmに切る。

2 フライパンにオリーブオイルを中火
で熱し、1を並べ入れる。1〜2分焼
いて上下を返し、さらに1〜2分焼く。
器に盛り、トマトサルサをかける。

さっと焼いて香ばしさをプラス。短時間で焼き上がります。

白菜鍋

材料（2人分）
ゆで塩豚……1/2量
白菜……200〜300g
春雨（乾燥）……40g
◎煮汁
　ゆで塩豚のゆで汁（足りなければ
　　水を足す）……2カップ
　しょうゆ……小さじ1
　こしょう……少々

1 春雨は熱湯につけてもどし、ざく切
りにする。白菜は食べやすく切る。
ゆで塩豚は厚みを半分に切り、幅
5mmに切る。

2 鍋に煮汁の材料を入れて煮立て、1
を入れ、好みの加減に煮る。

ゆで汁にはうまみも塩分も残っているので、味つけは控えめに。

豚肉

プルドポーク

材料（作りやすい分量）

豚肩ロースかたまり肉
　　……500〜550g
玉ねぎ……1/2個（100g）
にんにく……1かけ
油……大さじ1/2

A ┌ パプリカパウダー……大さじ1
　│ チリペッパー（カイエンヌペッパー）……小さじ1
　└ 塩……小さじ1/2

B ┌ 水……2・1/2カップ
　│ トマトケチャップ、ウスターソース、砂糖
　│ 　……各大さじ1
　│ しょうゆ……小さじ1
　└ 粗びき黒こしょう……少々

1 玉ねぎは縦に薄切りにし、にんにくは3〜4等分の薄切りにする。豚肉は厚みを半分に切る。

2 鍋に油を強めの中火で熱して豚肉を入れ、全体に焼き色がつくまで、転がしながら4〜5分焼く。玉ねぎ、にんにくを加えてさっと炒め、Aを加えてさらに1分ほど炒める。

3 Bを加えて煮立て、ふたをして中火で30分、上下を返し、さらに30分煮る（途中、水分がなくなりそうなら水を足して煮る）。さらに様子を見ながら10〜20分煮て、肉がほぐれるようになったらふたをはずし、煮汁が少なくなってとろみがつくまで煮て、火を止める。

4 肉を取り出してフォークでほぐし、鍋に戻し入れ、煮汁をからめる（煮汁に脂が多ければ、肉を戻す前にペーパータオルで軽く吸い取る）。

保存期間｜冷蔵で **4〜5** 日

POINT

冷めてからだと
ほぐしにくくなるので、
肉が熱いうちにほぐす。

作りおきヒント

プルドポークは豚肉をやわらかく煮込み、ほぐした料理。
ほぐれるまでは長時間加熱することになるので、
こげつかないように、必ず様子を見ながら煮てください。
サンドイッチの具やサラダ、ゆでたじゃがいもにのせるのもおすすめです。

豚肉の酢じょうゆ煮

材料（作りやすい分量）

豚ももかたまり肉……400〜500g
玉ねぎ……1個（200g）
ゆで卵（かたゆで）……2個
◎煮汁
　にんにく（半分に切る）
　　……1かけ分
　しょうがの薄切り……2〜3枚
　水……1・1/2カップ
　酒……1/2カップ
　しょうゆ、酢……各大さじ4
　はちみつ……大さじ2*

＊または砂糖大さじ2・1/2

1 玉ねぎは芯をつけたまま6つ割りにし、豚肉は3cm角に切る。

2 鍋に煮汁の材料を入れて煮立て、1を入れる。再び煮立ったら中火にし、アクを取り、ときどき上下を返しながら煮汁が2/3ほどになるまで、30分ほど煮る。

3 ゆで卵を加え、再び煮立ったら火を止める。

保存期間 ｜ 冷蔵で **4〜5**日
※ゆで卵は1〜2日

作りおきヒント＞ 酢のきいた煮汁で煮るので、
保存性もよく、さっぱりとした味わいです。
ゆで卵はあまり日持ちしないので切らずに保存し、
1〜2日で食べきりましょう。

プルコギ

材料（作りやすい分量）

牛こま切れ肉……400g
玉ねぎ……1/2個（100g）
パプリカ（赤）……1/2個（90g）
にら……1/2束（50g）
A ┌ にんにくのすりおろし、
　│ 　しょうがのすりおろし
　│ 　……各小さじ1
　│ しょうゆ、酒……各大さじ2
　│ ごま油、砂糖……各大さじ1
　└ こしょう……少々

1 ボウルに牛肉を入れ、Aを加えてもみ込む。

2 玉ねぎは縦に幅2〜3mmに切る。パプリカは縦半分に切ってから横に幅5mmに、にらは長さ3〜4cmに切る。

3 フライパンに牛肉を汁ごと入れ、玉ねぎを加えて強めの中火にかける。肉の色が変わるまで炒め、パプリカを加え、汁けがほとんどなくなるまで2〜3分炒める。

4 にらを加えてひと混ぜし、緑が鮮やかになるまで炒める。

保存期間｜冷蔵で **3〜4**日

（作りおきヒント）

肉にしっかり調味料をもみ込んでから炒めると、やわらかくしっとり仕上がります。
にんじんやせりなどを使ってもおいしい。
焼きうどんの具にしたり、パンにはさんで食べたりするのもおすすめです。

豚肉・牛肉 —

ローストビーフ

材料（作りやすい分量）

牛ももかたまり肉……500～550g

A ┌ 玉ねぎの薄切り……1/2個分
  │ セロリの薄切り……1/3本分
  │ にんじんの薄切り……1/6本分
  │ ローリエ（半分にちぎる）……1枚分
  │ 水……1カップ
  │ 砂糖……大さじ1
  └ 塩……小さじ2

油……大さじ1/2

1 牛肉はAとともにポリ袋に入れ、空気を抜いて口を閉じ、冷蔵庫に3～4時間以上おく（この状態で3～4日日持ちする）。

2 取り出してペーパータオルで汁けを押さえ、30分ほど常温におく（漬け汁は捨て、野菜はソース用に残しておく）。フライパンに油を弱めの中火で熱し、左右の切り口の2面を4分ずつ焼く。残りの4面のうちの2面を、7分ずつふたをして焼く。残りの2面は弱火で7分ずつ、ふたをして焼く（こげ過ぎないよう、ときどき様子を見ながら火加減を調節する。フライパンのこげつきはペーパータオルで軽くふき取る）。

3 焼き上がったらアルミホイルで包み、15分以上おいて休ませる。食べるときは薄めにスライスし、ルッコラなどの野菜を添えて。

保存期間｜冷蔵で **3～4**日 ※切らずに保存し、食べる分だけ切る。

作りおきヒント

塩や砂糖を加えた水につけることで、肉がやわらかく。
焼き上がり後、すぐ食べるときも
休ませてから切ると肉汁が逃げません。
ソース（右ページ参照）の濃度を出したいときは、
バターを大さじ1ほど入れて軽く煮つめます。

! おいしい肉汁でソースも作れる

作り方**2**のフライパンの脂と肉汁を大さじ2ほど残して除き、**2**の野菜を2分ほど炒める。赤ワイン、水各1/2カップ、ウスターソース、トマトケチャップ各大さじ2、しょうゆ小さじ1、塩、粗びき黒こしょう各少々を加え、2〜3分煮てこす。

保存期間 ｜ 冷蔵で **3〜4** 日

牛肉

いり鶏

材料（作りやすい分量）

鶏もも肉……大1枚（300g）
にんじん……2/3本（100g）
れんこん……1節（200g）
ごぼう……80〜100g
こんにゃく……1枚（250g）
油……大さじ1/2
A ┌ 水……1カップ
　├ 酒……1/2カップ
　├ しょうゆ……大さじ2
　└ 砂糖……大さじ1・1/2

1 にんじん、れんこんは乱切り、ごぼうは小さめの乱切りにし、れんこんとごぼうは水にさらす。こんにゃくはひと口大にちぎり、さっと下ゆでして水けをきる。鶏肉はひと口大に切る。

2 フライパンに油を中火で熱し、鶏肉を皮を下にして並べて2〜3分焼く。上下を返して2分ほど焼く。水けをきったれんこんとごぼう、にんじん、こんにゃくを加えて1分ほど炒め、油がまわったらAを加える。

3 ときどき上下を返しながら7〜8分、煮汁がほとんどなくなるまで煮る。

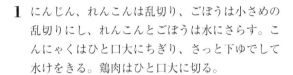 保存期間｜冷蔵で **3〜4** 日

作りおきヒント

甘辛味が定番ですが、
Aにバルサミコ酢を大さじ1ほど加えると、
目先の変わった新鮮な味わいに。
食べるときに、さっとゆでた絹さややさやいんげんを彩りに添えるのもおすすめです。
鍋で温め直すときは、水を少し加えるとこげつきにくくなります。

鶏肉

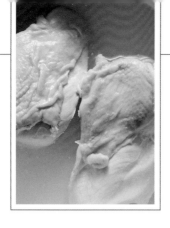

ゆで鶏を作ろう

主菜にも副菜にも使えて、ゆで汁もおいしい、便利なゆで鶏。
ごく弱火の火加減と、余熱でしっとりと仕上げます。
塩を加えると保存性が高まるので、忘れずに加えてください。

材料（作りやすい分量）

鶏胸肉……2枚（500g）

A
- 長ねぎの青い部分……1本分
- しょうがの薄切り……2〜3枚
- 水……1カップ
- 酒……1/2カップ
- 塩……小さじ1/3

1 フライパンに鶏肉を皮を上にして並べ、**A**を加えて強めの中火にかける。煮立ったらアクを取り、ふたをしてごく弱火で4分、上下を返して4分ほどゆでる。

2 そのまま冷まし、長ねぎとしょうがを除き、ゆで汁をこす。ゆで汁と一緒に保存容器に移す。

POINT

直径22cmほどのフライパンを使用。
大きいフライパンや鍋を使うときは、
肉の高さの2/3くらいまでの水と、
塩少々を足します。

保存期間｜冷蔵で **3〜4** 日

そのままで → 白練りごま大さじ2、水大さじ1・1/2、酢大さじ1、しょうゆ大さじ1/2、豆板醤小さじ1/2、
にんにくのすりおろし小さじ1/3を混ぜたごまだれをかけて、バンバンジー風に。
食べやすく切った豆苗とともに。

シーザーサラダ

材料（2人分）
ゆで鶏……1/2枚分
レタス……2～3枚（100g）
アボカド……1/2個
◎シーザードレッシング
　にんにくのすりおろし
　　……小さじ1/4
　マヨネーズ……大さじ2
　粉チーズ……大さじ1
　酢、水……各大さじ1/2
　塩、粗びき黒こしょう……各少々

1　レタスは大きくちぎる。ゆで鶏とアボカドは1.5cm角に切る。ドレッシングの材料を混ぜる。

2　器にゆで鶏とレタス、アボカドを合わせて盛り、ドレッシングをかける。

コロコロに切って、食べごたえのあるサラダに。

鶏スープかけごはん

材料（2人分）
ゆで鶏……1/2枚分
ゆで鶏のゆで汁
　……1・1/2カップ*
A「塩……小さじ1/4
　└こしょう……少々
ごはん……適量
万能ねぎの小口切り
　……2～3本分
*ゆで汁が足りないときは水を足し、
　好みで鶏ガラスープの素少々を足す。

1　ゆで鶏は細かくさき、皮は細切りにする。

2　鍋にゆで汁とAを入れてひと煮立ちさせる。

3　器にごはんを盛り、1をのせ、万能ねぎをちらす。2をかける。

ゆで汁も使って奄美の鶏飯風に。刻みのりやゆずこしょうを添えても。

鶏肉

鶏スペアリブのオイスターソース煮

材料（作りやすい分量）

鶏スペアリブ……20本（440g）
うずら卵の水煮……12個
油……小さじ1
◎煮汁
　しょうがの薄切り……1かけ分
　水……1カップ
　酒……1/2カップ
　オイスターソース……大さじ1
　しょうゆ……大さじ1/2
　こしょう……少々

1 フライパンに油を強めの中火で熱し、鶏肉を皮を下にして並べる。向きを変えながら、全面に焼き色がつくまで3〜4分焼く。

2 うずら卵と煮汁の材料を加え、煮立ったらアクを取る。ときどき混ぜながら、煮汁がほとんどなくなるまで中火で7〜8分煮る。

保存期間｜冷蔵で **3〜4** 日

作りおきヒント

焼いている間に皮から脂が出てくるので、油は少なめで大丈夫。
オイスターソースを大さじ1/2に減らし、
コチュジャン大さじ1/2を足すと、韓国風に。
鶏手羽中なら8〜10本、鶏手羽元なら8本にして作ってください。

チキンソテーのマリネ

材料（作りやすい分量）

鶏もも肉……小2枚（500g）
玉ねぎ……1/2個（100g）
ピーマン……2個（70g）
にんじん……1/3本（50g）

A ┌ 白ワインビネガー……大さじ4
　├ オリーブオイル……大さじ3
　├ フレンチマスタード
　│　　……大さじ1/2
　├ 塩……小さじ1/2
　└ こしょう……少々

オリーブオイル……大さじ1/2

1 玉ねぎは横に細切りに、ピーマンは縦半分に切ってから横に細切りにする。にんじんは長さ3〜4cmの細切りにする。

2 大きめのボウルにAを入れて混ぜ、1を加えて混ぜる。

3 フライパンにオリーブオイルを弱めの中火で熱し、鶏肉を皮を下にして入れ、10分ほど焼く。上下を返しさらに3〜4分焼く。取り出して冷まし、ひと口大に切り、2のボウルに加えてあえる。

保存期間｜冷蔵で **3〜4** 日

作りおきヒント 　保存の間に味がしみていきます。冷たいままでもおいしい。
すぐに食べるなら鶏肉に塩、こしょう各少々をふって焼き、Aの塩を控えめに。
焼いてから切った方がジューシーに仕上がります。

鶏肉

フライパンミートローフ

材料（作りやすい分量）

合いびき肉……400g
玉ねぎ……1/2個（100g）
にんじん……1/2本（75g）
さやいんげん……50g
油……大さじ1

A
├ 卵……1個
├ パン粉……1/2カップ
├ 塩……小さじ1/2
└ ナツメグ、こしょう……各少々

作りおきヒント

肉だねの空気を抜かずに焼くと、
焼いている間に割れやすくなるので気をつけて。
オーブンで焼いてもOK。
200℃に予熱したオーブンで、
30〜35分焼きます。

1 玉ねぎはみじん切りにする。フライパンに油大さじ1/2を中火で熱し、玉ねぎを2分ほど、しんなりするまで炒め、大きめのボウルに入れて冷ます。にんじんはスライサー（または包丁）で細切りにし、いんげんは幅5mmの小口切りにする。

2 1のボウルにひき肉とAを加えてよく練り混ぜ、にんじん、いんげんを加えて混ぜる。両手で数回キャッチボールをするようにして空気を抜く。

3 フライパンに残りの油をひき、2を入れてなまこ形に成形し、弱火にかける。ふたをして15分焼き、上下を返して12〜15分、竹串を刺してみて、透き通った肉汁が出るまで焼く（途中様子を見て、フライパンのこげつきはペーパータオルでふき取る）。取り出して冷ます。

POINT
大きさの目安は
20×8×高さ5cmほど。
手に油をつけると
成形しやすくなります。

保存期間 ｜ 冷蔵で **3〜4**日
※切らずに保存し、食べる分だけ切る。

トマトケチャップと粒マスタードを混ぜたソースをかけて。

豚肉の甘みそそぼろ

材料（作りやすい分量）
豚ひき肉……300g
しょうがのみじん切り……2かけ分
油……小さじ1
A┌ 酒……大さじ3
 ├ みそ……大さじ2・1/2
 └ はちみつ……大さじ2

1 Aは混ぜておく。

2 フライパンに油を強めの中火で熱し、ひき肉、しょうがを入れ、ほぐしながら2〜3分、肉の色が変わるまで炒める。

3 Aを加え、混ぜながら汁けがなくなりつやが出るまで2〜3分炒め煮にする。

保存期間｜冷蔵で **4〜5**日

作りおきヒント

チャーハンの具にしたり、
冷ややっこや塩ゆで大根（106ページ参照）に
のせてもおいしい万能おかず。
はちみつを使うとねっとりとした仕上がりに。
はちみつの代わりに
砂糖大さじ2・1/3でも作れます。

キャベツやきゅうりなどの生野菜に添えて、
サラダやおつまみとして。

鶏つくねの照り焼き

材料（作りやすい分量）

鶏ひき肉……400g
長ねぎ……1本（160g）
ししとう……10本
玉ねぎ……1/2個（100g）

A
┌ しょうがのすりおろし
│　　……小さじ1
│ 酒……大さじ2
│ 片栗粉……大さじ1
│ しょうゆ……小さじ1
│ 塩……小さじ1/3
└ こしょう……少々

油……大さじ1・1/2
塩……少々

B
┌ 酒、しょうゆ
│　　……各大さじ1
└ 砂糖……大さじ1/2

1 長ねぎは長さ3cmに切る。ししとうは包丁で1本切り込みを入れる。玉ねぎはみじん切りにする。

2 ボウルにひき肉とA、玉ねぎを入れて練り混ぜ、12等分して小判形に成形する。

3 フライパンに油大さじ1/2を中火で熱し、長ねぎを入れ、ときどき上下を返しながら3分ほど焼く。ししとうを加えて1分ほど炒め、塩をふって取り出す。

4 3のフライパンに残りの油を足して弱めの中火で熱し、2を並べ入れ、3〜4分焼く。上下を返して3分ほど焼き、Bを加え、からめながら1分ほど焼く。

保存期間 | 冷蔵で **3〜4**日

作りおきヒント

ひき肉は、もも肉ならしっかりした味に、
胸肉ならあっさり味に。半量ずつ混ぜてもいいでしょう。
玉ねぎは炒めずに加えることで、
シャキシャキした食感のアクセントになります。

ひき肉

漬け肉を作ろう

肉はそのままよりも、下味をつけて保存すれば、より長持ちします。
食べるときはそのまま焼くだけでOK。
肉の種類は変えられますが、焼き時間が変わってくるので調節してください。

鶏肉のカレーヨーグルト漬け

材料(作りやすい分量・2人分)
鶏手羽元……8本(500g)

A ┌ にんにくのすりおろし……小さじ1/3
　├ プレーンヨーグルト……1/2カップ
　├ カレー粉、トマトケチャップ……各大さじ1
　├ しょうゆ……小さじ1
　└ 塩……小さじ1/3

作り方
ポリ袋にAを入れてもみ混ぜ、鶏肉を加えてからめる。
空気を抜いて口を閉じ、冷蔵庫に3時間以上おく。

\ あとは焼くだけでOK! /
鶏肉のカレーヨーグルト漬け焼き

フライパンに鶏肉のカレーヨーグルト漬けを並べ、ふたをして弱めの中火にかけて4〜5分焼き、上下を返して4〜5分焼く。ふたをはずし、汁けが少なくなり、焼き色がつくまでさらに2分ほど焼く。

よりスパイシーにするなら、クミンやチリペッパーを加えても。

豚肉のみそ漬け

材料（作りやすい分量・2人分）
豚肩ロースとんカツ用肉……2枚（200g）
A ┌ みそ、酒……各大さじ1
　 └ 砂糖……小さじ1

作り方
ボウルにAを入れて混ぜ、豚肉の両面に塗る。ポリ袋に入れ、空気を抜いて口を閉じ、冷蔵庫に3時間以上おく。

\ あとは焼くだけでOK！ /
豚肉のみそ漬け焼き

魚焼きグリル（片面）の網に並べ、中火で5～6分焼いて、上下を返してさらに4～5分焼く（両面グリルなら中火で5～6分焼く）。

※フライパンなら弱めの中火で両面を4～5分ずつ焼く。

こげやすいので、様子を見ながら焼いて。

豚肉のねぎ塩漬け

材料（作りやすい分量・2人分）
豚こま切れ肉……300g
長ねぎ（斜め薄切り）……1/2本分（80g）
A ┌ ごま油、酒……各大さじ1
　 ├ 塩……小さじ1/3
　 └ こしょう……少々

作り方
ポリ袋にAと長ねぎを入れて混ぜ、豚肉を加えてからめる。空気を抜いて口を閉じ、冷蔵庫に3時間以上おく。

\ あとは炒めるだけでOK！ /
豚肉のねぎ塩漬け炒め

フライパンにごま油小さじ1を中火で熱し、豚肉のねぎ塩漬けを入れ、酒大さじ1をふる。ほぐしながら3～4分炒め、白すりごまを適量ふる。

長ねぎを万能ねぎにしたり、きのこを加えたりしても。

漬け肉を作ろう

あじのエスカベッシュ

材料（作りやすい分量）

あじ（3枚おろし）
……3尾分（300g）
玉ねぎ……1/2個（100g）
セロリ……1本（120g）
にんじん……1/5本（30g）
レーズン……10g
小麦粉、揚げ油……各適量
オリーブオイル……大さじ1
白ワイン……1/2カップ

A
┌ ローリエ……1枚
│ 白ワインビネガー……大さじ4
│ 砂糖……小さじ1
│ 塩……小さじ1/3
└ こしょう……少々

1 玉ねぎは縦に薄切りに、セロリは筋を取ってせん切りにする。にんじんはせん切りにする。あじは腹骨と小骨を除いて1切れを2～3等分に切る。

2 揚げ油を高温（180～190℃）に熱し、あじに小麦粉を薄くまぶして入れ、ときどき上下を返しながら3～4分揚げて油をきり、耐熱の保存容器に入れる。

3 フライパンにオリーブオイルを強めの中火で熱し、玉ねぎ、セロリ、にんじんを炒める。しんなりしたら白ワインを加えて煮立て、Aを加える。再び煮立ったら2に加え、レーズンを加えて混ぜ、冷ます。

🗄 保存期間 ｜ 冷蔵で **3**～**4**日

作りおきヒント ▷ レーズンの甘み、白ワインの独特の酸味が味のポイントに。
白ワインがなければ、水に代え、酢少々を加えましょう。
すぐ食べるときも、30分ほどおいた方が味がなじみます。

あじの南蛮漬け

材料（作りやすい分量）

あじ（3枚おろし）
……3尾分（300g）
長ねぎ……1本（160g）
パプリカ（赤）……1個（180g）
小麦粉、揚げ油……各適量

A
┌ 赤唐辛子の小口切り
│ ……1本分
│ だし汁……1カップ
│ 酢……1/3カップ
│ しょうゆ……大さじ2
│ 砂糖……大さじ1
└ 塩……小さじ1/4

1 長ねぎは長さ3cmに、パプリカは乱切りにする。あじは腹骨と小骨を除いて1切れを2～3等分に切る。ボウルにAを混ぜておく。

2 揚げ油を中温（約170℃）に熱し、長ねぎ、パプリカを2分ほど素揚げして油をきる。

3 揚げ油を高温（180～190℃）にし、あじに小麦粉を薄くまぶして入れ、ときどき上下を返しながら3～4分揚げて油をきる。2とともに熱いうちに1のボウルに加えてあえ、冷ます。

🗄 保存期間 ｜ 冷蔵で **3**～**4**日

作りおきヒント ▷ あじに小麦粉をまぶすのは揚げる直前にしましょう。
時間をおくとベタッとしたり、つき過ぎたりします。
面倒でも小骨は取り除くと食べやすくなります。

焼き塩さばのマスタードマリネ

材料（作りやすい分量）
塩さば……2枚（1尾分・240g）
紫玉ねぎ……1/2個（100g）
油……大さじ1/2

A
┌ 白ワインビネガー
│　……大さじ3
│ 油、オリーブオイル
│　……各大さじ2
│ フレンチマスタード
│　……大さじ1/2
└ 塩、こしょう……各少々

1 塩さばは1枚を4等分に切る（骨のついている側はキッチンばさみで切るとよい）。玉ねぎは横に薄切りにして大きめのボウルに入れ、**A**を加えて混ぜる。

2 フライパンに油を中火で熱し、さばを皮を下にして並べ入れ、2〜3分焼く。焼き色がついたら上下を返し、やや火を弱めて2分ほど焼く。

3 熱いうちに1のボウルに加えてあえる。

保存期間 | 冷蔵で **3**〜**4** 日

作りおきヒント　下味がいらない手軽な塩さばを使います。
紫玉ねぎは辛みがおだやかで食べやすいので、マリネにおすすめ。
フレンチマスタードは魚の臭みを取り、保存性も高めます。
粒マスタードに代えてもOKです。

さばと大根のキムチ煮

材料（作りやすい分量）
さば（2枚おろし）
　……1尾分（320g）
大根……400g
白菜キムチ……120g
◎煮汁
　水……1カップ
　酒……1/2カップ
　しょうゆ……大さじ1

1 さばは1枚を4等分に切る（骨のついている側はキッチンばさみで切るとよい）。大根は皮つきのまま幅1cmの半月切りにする。

2 鍋に大根を敷き、キムチの半量をのせる。さば、残りのキムチの順に重ね、煮汁の材料を混ぜてかける。ふたをして強めの中火にかける。

3 煮立ったら中火にして15分ほど煮る。ときどき様子を見て、こげつきそうなら火加減を調節する。

保存期間｜冷蔵で**3〜4**日

作りおきヒント

煮汁ににんにくのすりおろしを小さじ1ほど加えるのもおすすめ。
キムチはしっかり発酵したものを使うと、味により深みが出ます。
鍋に重ねるように入れると、大根にもさばにも味がよくしみます。

サーモンのクリーム煮

材料（作りやすい分量）
サーモン……3切れ（300g）
玉ねぎ……1/2個（100g）
マッシュルーム……5〜6個（100g）

A ┌ 白ワイン……大さじ1
　│ 塩……小さじ1/4
　└ こしょう……少々

油……大さじ1
小麦粉……適量

B ┌ 白ワイン……1/4カップ
　│ 粒マスタード……大さじ1/2
　│ 塩……小さじ1/4
　└ こしょう……少々

生クリーム……1/2カップ

1 サーモンは1切れを4等分に切り、Aをからめて10分ほどおき、汁けをペーパータオルで押さえる。玉ねぎは縦に薄切りにし、マッシュルームは半分に切る。

2 フライパンに油を中火で熱し、サーモンに小麦粉を薄くまぶして入れ、2〜3分焼く。上下を返して1分ほど焼き、あいているところに玉ねぎ、マッシュルームを加えて2分ほど炒める。

3 Bを加え、煮立ったら1分ほど煮つめて生クリームを加え、軽くとろみがつくまで1〜2分煮る。

保存期間 冷蔵で **3〜4**日

作りおきヒント　サーモンを端に寄せ、あいたところで野菜を炒めるようにすると、サーモンがくずれにくく、きれいに仕上がります。
白ワインの酸味がアクセントになって、食べ飽きない味に。

焼き鮭と長ねぎのポン酢漬け

材料（作りやすい分量）
生鮭……3切れ（300g）
長ねぎ……1本（160g）
にんじん……1/3本（50g）
ポン酢しょうゆ……大さじ4
油……大さじ1
小麦粉……適量

1 鮭は小骨を除き、ひと口大に切る。

2 長ねぎ、にんじんは長さ5cmほどのせん切りにして大きめのボウルに入れ、ポン酢しょうゆを加えて混ぜる。

3 フライパンに油を弱めの中火で熱し、鮭に小麦粉を薄くまぶして入れ、3分ほど焼く。上下を返して2分ほど焼き、熱いうちに2のボウルに加えてあえる。

保存期間 | 冷蔵で **3～4**日

作りおきヒント

鮭は焼きたてを野菜のボウルに加えて。味がよくしみるうえ、
野菜もしんなりして、長ねぎの辛みも抑えられます。
ポン酢しょうゆはものによって塩分に差があるので、調節を。

サーモン・鮭 ―

さんまのコンフィ

材料（作りやすい分量）
さんま……3尾（390g）
にんにく……2かけ
赤唐辛子（種を取ってちぎる）
　……1本分
ローズマリー
　（またはバジルかタイム・あれば）
　……1枝
A ┌ 白ワイン（または酒）
　│　　……大さじ1/2
　│ 塩……小さじ1/3
　└ 粗びき黒こしょう……少々
B ┌ オリーブオイル、油
　└　　……各1/2カップ

（作りおきヒント）

1 さんまはキッチンばさみで頭を落として3等分の筒切りにし、菜箸などでつついてワタを除く。塩少々（分量外）を加えた氷水で洗い、水けをふき、Aをからめて15分ほどおく。

2 にんにくは半分に切ってつぶす。ローズマリーは3〜4等分にちぎる。

3 直径16cmほどの鍋に、さんまを汁けを軽くふいて入れ、2と赤唐辛子、Bを加えて中火にかける。プチプチと音がしてきたら弱火にし、ときどき上下を返しながら15分ほど煮て、そのまま冷ます。油ごと保存容器に移す。

POINT
さんまを切るときは
キッチンばさみが便利。
頭は胸びれの下にはさみを
入れて切り落とす。

さんまが油から出るようなら、ひたるくらいまで足してください。
オリーブオイルに油を混ぜると、冷蔵してもかたまりにくくなります。

保存期間｜冷蔵で **5〜6** 日

いわしのしょうが煮

材料（作りやすい分量）
いわし……4尾（520g）
◎煮汁
　┌ しょうがの薄切り……2かけ分
　│ 水……1カップ
　│ 酒……1/2カップ
　│ しょうゆ……大さじ2
　└ 砂糖……大さじ1

1 いわしはキッチンばさみで頭を落として4等分の筒切りにし、菜箸などでつついてワタを除く。塩少々（分量外）を加えた氷水で洗い、水けをふく。

2 直径16cmほどの鍋に煮汁の材料を入れて煮立て、いわしを入れる。ときどき上下を返しながら、煮汁が半分くらいになるまで中火で15分ほど煮る。

POINT
指で血合いを
かき出すようにして洗い、
水けをふいてから調理する。

保存期間｜冷蔵で **3〜4** 日

（作りおきヒント）

弱火でコトコトではなく、煮汁を飛ばす感じでグツグツと煮るとしっかりと味がしみて、
臭みもなく仕上がります。煮汁が魚に行きわたるよう、小さめの鍋で煮てください。

たらのチリソース

材料（作りやすい分量）
たら……2切れ（200g）
じゃがいも……2個（300g）
長ねぎ……1/3本
A ┌ 酒……大さじ1/2
　 └ 塩、こしょう……各少々
油……大さじ1/2
片栗粉……大さじ1
B ┌ しょうがのすりおろし
　 │　　……小さじ1
　 │ 水……3/4カップ
　 │ トマトケチャップ、しょうゆ
　 │　　……各大さじ1
　 │ 片栗粉、ごま油
　 │　　……各小さじ1
　 └ 豆板醤……小さじ1/2

1 じゃがいもは皮つきのまま洗い、水けがついたままラップで包み、電子レンジで3分ほど、上下を返して2分ほど加熱し、皮つきのままひと口大に切る。長ねぎは粗みじん切りにする。Bは混ぜておく。

2 たらは1切れを4等分に切り、Aをふって10分ほどおき、水けを押さえる。

3 フライパンに油を中火で熱し、たらに片栗粉をまぶして並べ入れる。2分ほど焼き、上下を返して2分ほど焼く。

4 じゃがいも、長ねぎを加えてさっと炒め、Bを再び混ぜてから加え、とろみがつくまで混ぜながら1分ほど煮る。

保存期間｜冷蔵で **3〜4** 日

作りおきヒント
たらに片栗粉をまぶすと口当たりよく仕上がります。
合わせ調味料を加えたら、1分ほどしっかりと煮ると、
時間が経ってもとろみが安定します。

ぶり大根

材料（作りやすい分量）
ぶり……2切れ（200g）
大根……400g
しょうがの薄切り
　……1かけ分
塩……小さじ1/2
◎煮汁
　｜水……1カップ
　｜酒……1/2カップ
　｜しょうゆ……大さじ2
　｜砂糖……大さじ1・1/2
ゆずの皮……少々

1 ぶりは1切れを3等分に切り、塩をまぶして5分ほどおく。鍋に湯を沸かし、ぶりを入れ、すぐにざるに上げて水けをきり、水洗いする。

2 大根は大きめの乱切りにする。鍋に入れ、かぶるくらいの水を加えて煮立て、弱火で7〜8分ゆでて水けをきる。

3 別の鍋に煮汁の材料を入れて煮立て、ぶり、大根、しょうがを入れ、煮汁が半分くらいになり、つやが出るまで中火で15分ほど、ときどき上下を返しながら煮る。器に盛り、ゆずの皮をのせる。

保存期間｜冷蔵で **3〜4** 日

POINT
さっと熱湯に通してから煮ることで、臭みが取れてすっきりとした仕上がりに。

作りおきヒント

時間が経つにつれ、大根に味がよくしみていきます。
大根は、あれば米のとぎ汁でゆでると独特の臭みが取れて風味がアップ。
ゆずの皮を香りのアクセントに。

いかのカレーマリネ

材料（作りやすい分量）

やりいか……小3杯（300g）

玉ねぎ……1/4個（50g）

セロリ（葉つきのもの）

　……1本（120g）

オリーブ（黒・種つき）……10個

A
- 白ワインビネガー……大さじ3
- オリーブオイル、油
　　……各大さじ2
- カレー粉……小さじ1
- しょうゆ、塩……各小さじ1/3

オリーブオイル……大さじ1/2

白ワイン……大さじ2

1 やりいかは内臓と軟骨をはずし、足を抜いて内臓を切り離し、目とくちばしを除いて水洗いする。胴は1.5cm幅の輪切り、足は2〜3本ずつに切る。

2 玉ねぎは縦に薄切りに、セロリは薄い小口切りに、葉はざく切りにする。合わせてボウルに入れ、オリーブ、Aを加えて混ぜる。

3 フライパンにオリーブオイルを中火で熱し、いかを入れて1分ほど炒める。白ワインをふり、混ぜながらさらに1分ほど炒める。汁ごと2のボウルに加えて混ぜ、冷ます。

保存期間｜冷蔵で**3〜4**日

> 作りおきヒント
>
> するめいかでも作れますが、そのときは幅5mmほどに細く切り、炒め時間も1〜2分長めにしてください。ほんのりカレーの香りとオリーブの風味が加わることで、グッとワインにも合う味わいに。

いかと里いもの煮もの

材料（作りやすい分量）
やりいか……小3杯（300g）
里いも……5個（400g）
◎煮汁
　水……1・1/2カップ
　酒、しょうゆ……各大さじ2
　砂糖……大さじ1
　塩……少々

1 やりいかは内臓と軟骨をはずし、足を抜いて内臓を切り離し、目とくちばしを除いて水洗いする。胴は1.5cm幅の輪切り、足は2〜3本ずつに切る。里いもは2〜3等分に切る。

2 鍋に煮汁の材料を入れて煮立て、里いもを入れて弱めの中火で6〜7分、竹串がすっと通るようになるまで煮る。やりいかを加え、くずれないようにやさしく混ぜながら中火で2分ほど煮る。

保存期間｜冷蔵で **3〜4** 日

作りおきヒント

一度冷まし、温め直すことでいかのうまみが
里いもにしみて、おいしくなります。
するめいかで作るときは、幅7〜8mmに切り、
煮る時間を1分ほど増やします。

かきのオイル漬け

材料（作りやすい分量）

かき（小粒・加熱用）……300ｇ
にんにくの薄切り……2かけ分
赤唐辛子（種を取ってちぎる）
　　……1本分

A ┌ 白ワイン（または酒）……大さじ1
　├ ドライバジル……小さじ1/3
　├ 塩……小さじ1/4
　└ こしょう……少々

B ┌ オリーブオイル、油
　└ 　……各1/2カップ

1 ボウルにかきを入れて粗塩大さじ1（分量外）をふり、軽くもむ。黒い泡が出てきたら水を数回かえながら、水がきれいになるまで洗い、水けをきる。

2 フライパンを中火で熱してかきを入れ、水けが出てきたらにんにく、赤唐辛子を加え、かきがプリッとしてきたら上下を返し、さらに1分ほど焼く。

3 Aを加え、ときどき混ぜながら、汁けがなくなるまで1〜2分炒める。保存容器に入れ、Bをそそぐ（かきがひたるように、足りなければBを足す）。

保存期間｜冷蔵で **6〜7** 日

作りおきヒント

かきは加熱用を使い、しっかり焼いて風味豊かに仕上げましょう。
オイルを注ぎ、半日以上おいた方が味がなじみます。
調味料を酒大さじ1、しょうゆ、砂糖各小さじ1に代えると和風味に。

かきの黒酢マリネ

材料（作りやすい分量）

かき（大粒・加熱用）……300g
長ねぎ……1本（160g）
パプリカ（黄）……1個（180g）
油……大さじ1・1/2
小麦粉……適量

A ┌ 黒酢……大さじ2
　├ しょうゆ……大さじ1
　└ 砂糖、ごま油……各小さじ1

1 長ねぎは幅1cmの斜め切りに、パプリカは乱切りにする。大きめのボウルにAを入れて混ぜる。別のボウルにかきを入れて粗塩大さじ1（分量外）をふり、軽くもむ。黒い泡が出てきたら水を数回かえながら、水がきれいになるまで洗い、水けをきる。

2 フライパンに油大さじ1/2を強めの中火で熱し、長ねぎ、パプリカを1分ほど炒める。Aのボウルに加えて混ぜる。

3 フライパンに残りの油を強めの中火で熱し、かきに小麦粉を薄くまぶして入れ、1分ほど焼く。軽く焼き色がついたら上下を返し、中火で1分ほど焼く。2のボウルに加えて混ぜる。

保存期間｜冷蔵で **3〜4** 日

作りおきヒント

小麦粉はベチャッとしないように焼く直前にかきにまぶします。
黒酢は透き通ったあっさりしたものでも、もち米から造られる濃厚な香酢でも。

漬け魚を作ろう

すべてのレシピ共通
保存期間｜漬けた状態で・冷蔵で **3〜4**日

魚の切り身に下味をまぶし、鮮度をキープしつつおいしさアップ。
主菜の下ごしらえができていれば、食事の準備もあっという間です。
マヨネーズやオイルも利用して、しっとりとした漬け魚に。

さわらのにんにくオイルマリネ

材料（作りやすい分量・2人分）

さわら……2切れ（200g）

A
- にんにくのすりおろし……小さじ1/3
- オリーブオイル……大さじ1
- 白ワイン……大さじ1/2
- ドライバジル、塩……各小さじ1/3
- 粗びき黒こしょう……少々

作り方

さわらは1切れを3等分に切る。ポリ袋にAを入れて混ぜ、さわらを加えてからめる。空気を抜いて口を閉じ、冷蔵庫に2時間以上おく。

\ あとは焼くだけでOK！ /

さわらのにんにくオイルマリネ焼き

パプリカ（赤）1/2個（90g）は横に細切りにしてボウルに入れ、オリーブオイル小さじ1と塩少々をからめる。フライパンを油をひかずに中火で熱し、さわらを入れる。あいているところにパプリカを入れ、パプリカを炒めながら2〜3分焼き、さわらの上下を返してさらに2分ほど焼く。

オイルのおかげでしっとり。バジルの香りがアクセントに。

鮭のみそマヨ漬け

材料(作りやすい分量・2人分)
生鮭……2切れ(200g)
A [みそ、マヨネーズ……各大さじ1

作り方
ボウルにAを入れて混ぜ、鮭の両面に
塗る。ポリ袋に入れ、空気を抜いて口
を閉じ、冷蔵庫に2時間以上おく。

\ あとは焼くだけでOK！ /
鮭のみそマヨ漬けホイル焼き

しめじ1パック(100g)は小房に分け、
玉ねぎ1/2個(100g)は横に幅1cmに切
り、2枚のアルミホイルに等分にのせ
る。鮭のみそマヨ漬けを1切れずつの
せて口を閉じ、油を薄く塗ったフライ
パンにのせ、ふたをして中火にかけ、
2分ほど焼く。弱火にしてさらに5分ほ
ど蒸し焼きにする。

野菜と一緒にホイル焼きに。ふっくらと焼き上がります。

たらの幽庵漬け

材料(作りやすい分量・2人分)
たら……2切れ(200g)
ゆず……1/4個
A [酒、しょうゆ……各大さじ1/2
　　砂糖……小さじ1

作り方
ゆずは薄い半月切りにする。ポリ袋に
Aを入れて混ぜ、ゆず、たらを加えて
からめる。空気を抜いて口を閉じ、冷
蔵庫に2時間以上おく。

\ あとは焼くだけでOK！ /
たらの幽庵焼き

魚焼きグリル(片面)の網にたらの幽
庵漬けを並べ、中火で5〜6分焼く。上
下を返して4分ほど焼く(両面グリル
なら中火で5〜6分)。

ゆずも一緒に焼いて、香りを楽しんで。

漬け魚を作ろう

重信初江 しげのぶはつえ

料理研究家。調理師専門学校の教員
として勤務後、料理研究家のアシスタ
ントを経て独立。昔ながらの本格家庭
料理から、日々の食事作りに役立つ簡
単レシピ、趣味の旅行で覚えた海外の
味まで、幅広くこなす実力派。雑誌や
書籍へのレシピ提案から、NHK「きょ
うの料理」「あさイチ」などテレビ出演
も多い。小さいころの夢は漬けもの研
究家というほどの漬けもの好き。『味
つけご飯とおみおつけ』（東京書籍）な
ど著書多数。

STAFF

撮影　鈴木泰介
スタイリング　吉岡彰子
アートディレクション　中村圭介（ナカムラグラフ）
デザイン　鈴木茉弓、平田　賞（ナカムラグラフ）
調理アシスタント　菊池めぐみ、奥野　有、諏訪加代
校正　関根志野
構成・編集製作　岡村理恵、久保木　薫
企画・編集　川上裕子（成美堂出版編集部）

撮影協力　UTUWA　☎03-6447-0070

これがほんとの作りおきのきほん

著　者　重信初江 しげのぶはつえ
発行者　深見公子
発行所　成美堂出版
　　　　〒162-8445　東京都新宿区新小川町1-7
　　　　電話(03)5206-8151　FAX(03)5206-8159
印　刷　大日本印刷株式会社